ON-LES-BAINS & LE CHABLAIS

LAC LÉMAN

Villas et Appartements complètement meublés

avec Eau, Gaz, et Électricité

Jeu de Tenis

BOULEVARD DES BAINS

Jean MOYNAT, Propriétaire

THONON-LES-BAINS

ET

LE CHABLAIS

Thonon-les-Bains

ET

Le Chablais

LIVRET-GUIDE

ÉDITÉ PAR LE

Syndicat d'Initiative

De l'Arrondissement de Thonon-les-Bains

ANNEMASSE

IMPRIMERIE DU « PROGRÈS DE LA HAUTE-SAVOIE »

1898

SYNDICAT D'INITIATIVE

DE L'ARRONDISSEMENT DE THONON-LES-BAINS

COMPOSITION DU BUREAU

Membres de droit :

M. LE MAIRE DE THONON-LES-BAINS;

M. LE PRÉSIDENT (SECTION DU LÉMAN) DU C. A. F.

Président :

M. LOUIS-SAUVEUR CRASTE, *industriel.*

Vice-Présidents :

M. DE GAUVAIN, *rentier;*

M. JEAN MOYNAT, *propriétaire.*

Secrétaire général :

M. LE DOCTEUR LOCHON.

Trésorier :

M. LÉON PINGET, *banquier.*

Administrateurs :

M. DAVID, *propriétaire du Grand Hôtel des Bains;*

M. FRANÇOIS SALLAZ, *négociant.*

Syndicat d'initiative

De l'Arrondissement de Thonon-les-Bains

Le *Syndicat d'Initiative* a été institué dans le but patriotique de fixer spécialement l'attention sur les stations thermales et climatériques de l'arrondissement, d'y attirer les malades et les touristes, et de les retenir le plus possible en leur rendant le séjour utile, agréable et facile.

Le *Guide* édité chaque année par ses soins est destiné à faire connaître de l'étranger les merveilleux sites du Chablais, et les renseignements sur les moyens pratiques de les visiter. Cette année une place assez importante a été donnée au cyclisme, ce sport qui prend chaque jour une extension plus grande. Grâce au bienveillant concours du Touring-Club de France et du Vélo-Club de Thonon qui l'ont aidé l'un de ses deniers et l'autre de ses précieux conseils, le Syndicat a pu réunir les indications et matériaux nécessaires à la publication d'une carte routière et à la description des routes cyclables de la région.

Le Syndicat s'est appliqué également à donner dans ce *Guide* le plus brièvement possible les renseignements nécessaires au touriste venu en Chablais soit pour s'y reposer, soit pour excursionner dans les environs.

Il tient d'ailleurs à la disposition de l'étranger toutes les indications utiles sur Thonon et l'arrondissement (tarifs des hôtels, logements, prix des repas, moyens de transport, prix des voitures particulières, etc., etc.). Ces indications sont *gratuites et il sera répondu par retour du courrier à toute demande de renseignements accompagnée des frais de port, adressée au Secrétaire général du Syndicat.*

A Thonon un *bureau de renseignements gratuits* a été fondé, il est situé

Librairie S. Gander, rue des Arts

Ce bureau est ouvert aux étrangers tous les jours de 8 heures du matin à 6 heures du soir et les dimanches jusqu'à midi.

Un registre destiné à recueillir les réclamations et les desiderata des voyageurs y est déposé, ceux-ci sont priés d'y consigner leurs observations. Chacune d'elles fait l'objet d'un rapport spécial.

L'Agence des *Voyages Economiques,* correspondante du Syndicat, fournira aussi tous renseignements dans ses bureaux :

A PARIS, 17, rue du Faubourg-Montmartre et 10, rue Auber;
A LYON, 2, rue de l'Hôtel-de-Ville;
A MARSEILLE, 16, rue Cannebière.

THONON-LES-BAINS (VUE DE CONCISE)

THONON-LES-BAINS

THONON-LES-BAINS. — Capitale du Chablais, sous-préfecture du département de la Haute-Savoie, est une petite ville de 6,000 habitants, située à 430 mètres d'altitude.

A 1 heure de Genève et de Lausanne, à 5 heures de Lyon, 11 de Paris et 12 de Marseille, cette charmante station est durant l'été, admirablement desservie par les nombreux trains de la Cie P.-L.-M. qui s'arrêtent à sa gare et les bateaux de la Cie générale de Navigation à vapeur sur le Lac Léman qui touchent son beau port.

En outre, des services réguliers de voitures la relient aux différentes communes de l'arrondissement, faisant ainsi de Thonon un véritable centre d'où le touriste pourra facilement rayonner.

De la ville même partent dans toutes les directions de nombreuses routes, facilement cyclables, rendant ainsi les communications faciles et les excursions à la portée de tous. (*Voyez Routes du Chablais.*)

Historique. — Peu de cités ont eu un sort aussi mouvementé que la ville de Thonon. Par sa position au bord du Léman, et dominant celui-ci de plus de cent pieds, Thonon a naturellement subi la destinée des villes fortes frontières, sans cesse obligées de se défendre contre l'envahisseur, souvent prises, tombant presque toujours en possession du vainqueur.

D'abord station lacustre, l'emplacement où s'élèvent actuellement la ville et ses bourgades, fut occupé successivement par les Romains et les Burgondes. Dès le XIe siècle, les princes de la maison de Savoie en font une de leurs résidences favorites; bientôt les chateaux-forts s'élèvent dans la ville même *(Place Chateau)* et dans les environs (Allinges, Féternes, etc.), les remparts (1) se construisent pour lutter contre les armées du roi de France ou des Seigneurs du voisinage. Pendant la Réforme, Thonon est en proie à la guerre civile, selon que protestants ou catholiques détiennent le pouvoir. Enfin Saint

(1) Les vestiges des fortifications de Thonon refaites incomplètement par Amédée II en 1689 existent encore et sont fort bien conservées. Depuis Rives, on les voit parfaitement et on se rend facilement compte du système de défense de l'ancienne citadelle.

François de Sales, appelé par Charles-Emmanuel Ier, convertit la région définitivement au catholicisme.

Plusieurs fois Thonon fit partie de l'*État de France* mais il n'y rentra définitivement que sur un plébiscite de la population et sous certaines réserves (*Zone franche*) en 1860.

Le 11 janvier 1890, un décret présidentiel autorisait la ville de Thonon à prendre le nom de THONON-LES-BAINS. On lui reconnaissait ainsi le titre de Station balnéaire auquel elle avait droit depuis la découverte et l'utilisation des propriétés thérapeutiques et curatives de ses eaux minérales.

Situation. — La situation de la ville est merveilleuse, car elle s'adosse aux premiers contreforts des Alpes de Savoie et surplombe le lac Léman qui vient baigner le pied du plateau sur lequel elle est bâtie.

Un funiculaire à crémaillère réunit le centre de la ville au Port et le touriste qui arrive à Thonon par le lac, après avoir joui depuis le bateau du superbe panorama de la ville et des montagnes qui la surplombent, peut ainsi sans fatigue gagner la *place Château*, magnifique et incomparable belvédère sur le Léman.

Le **Plan de la ville** annexé ci-contre nous dispensera d'une description détaillée de la Station.

Qu'il nous suffise de dire que la ville présente comme artères principales les deux routes nationales :

Paris à Milan par le Simplon (Grande-Rue, Les Ursules).

Thonon à Grenoble par les Gets (rue Vallon, rue des Arts, boulevard des Vallées).

Sur lesquelles viennent s'embrancher plusieurs rues ou boulevards (boulevard des Bains, Carnot, boulevard et quai de Ripaille, etc).

Climat. — De toute la rive française du Léman, Thonon occupe certainement la meilleure position climatérique. Comme les autres villes du rivage, elle profite du voisinage du lac *(absence d'orages, présence des brises régulières, températures assez sensiblement égales, etc.)*. Mais en outre elle n'est **point soumise à cette saturation constante qui caractérise le climat lacustre**; elle y échappe par son altitude et sa situation (terrasse de 55 m. au-dessus du niveau des eaux).

Les brises d'ailleurs renouvellent sans cesse l'air en le tempérant; brise de terre et de montagne de 5 h. du soir à 9 h. du matin et brise du lac ou *Rebat*, de 10 h. du matin à 4 h. de l'après-midi.

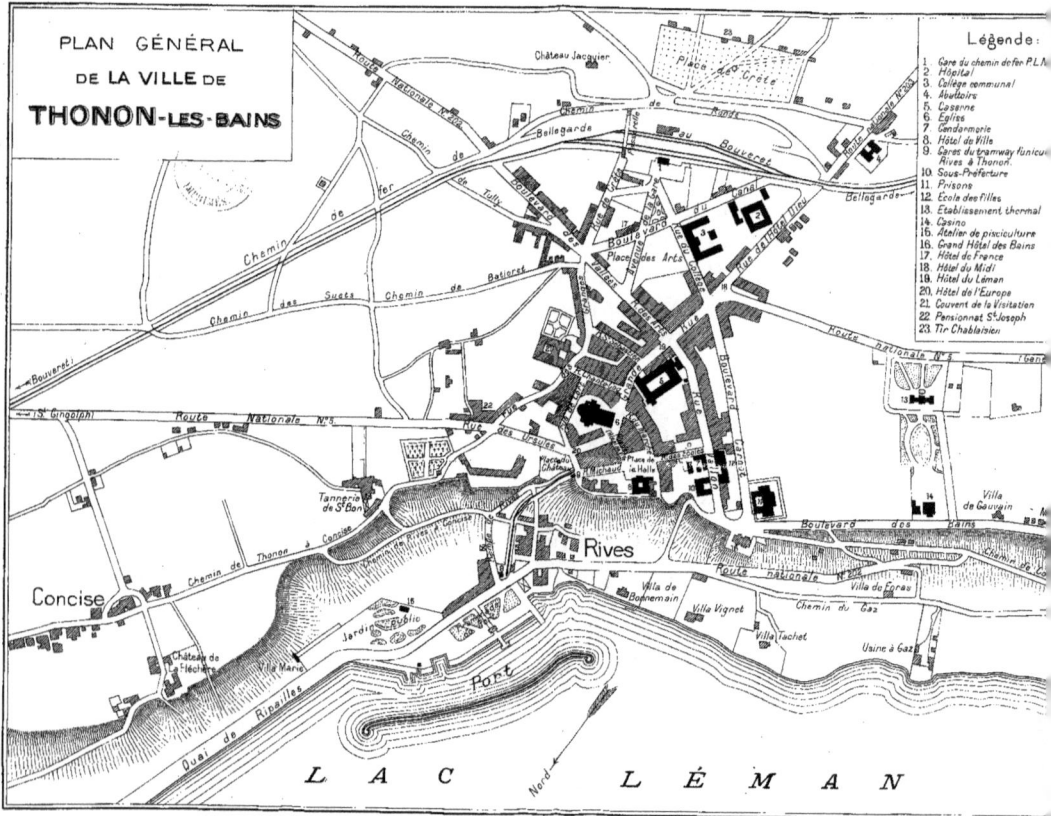

PLAN GÉNÉRAL
DE LA VILLE DE
THONON-LES-BAINS

Légende:

1. Gare du chemin de fer P.L.M.
2. Hôpital
3. Collège communal
4. Abattoirs
5. Caserne
6. Églises
7. Gendarmerie
8. Hôtel de Ville
9. Gares du tramway funiculaire
   Rives à Thonon
10. Sous-Préfecture
11. Prisons
12. École des filles
13. Établissement thermal
14. Casino
15. Atelier de pisciculture
16. Grand Hôtel des Bains
17. Hôtel de France
18. Hôtel du Midi
19. Hôtel du Léman
20. Hôtel de l'Europe
21. Couvent de la Visitation
22. Pensionnat St-Joseph
23. Tir Chablaisien

L A C   L É M A N

La température, même durant les fortes chaleurs n'est jamais très élevée (4 à 5° de moins qu'à Paris) et rend ainsi le séjour de Thonon fort agréable durant la saison d'été. En outre, l'air y est très pur chimiquement et biologiquement.

Dans de semblables conditions, l'hygiène est parfaite, la mortalité moindre que dans les villes présentant la même agglomération d'habitants et la longévité plus grande, ainsi qu'il est facile de le constater en parcourant les registres de l'Etat-Civil.

Monuments. — Plusieurs monuments méritent de retenir l'archéologue et le touriste. Nous citerons :

L'*Eglise paroissiale*, sous le vocable de St-Hippolyte, a été fondée par les Bénédictins. Près de la petite chaire, qui a servi à saint François de Sales, lorsqu'en 1596 il a ramené les habitants au catholicisme, on voit l'entrée d'une crypte qui comprend deux parties : la première, sous le chœur, n'est que du xviie siècle; la seconde, au-dessous de l'avant-chœur, est un des monuments les plus curieux de l'époque romaine. Elle a trois nefs soutenues par douze colonnes rondes et basses, surmontées de chapiteaux bas et à palmettes; le chapiteau inférieur central est surtout remarquable.

L'*Eglise de Saint-Sébastien* fut élevée au XVe siècle par le duc Amédée VIII à la mémoire de son épouse, Marie de Bourgogne, et confiée par lui à des chanoines réguliers de St-Augustin. Siège du Club des Augustins pendant la Révolution et église du Collège royal jusqu'en 1860, ce monument a conservé, dans la sacristie, son architecture gothique encore intacte.

L'*Hôtel-Dieu*, ancien couvent des Minimes, est le plus beau monument du XVIIe siècle que possède le Chablais. Cet édifice fut fondé en 1636 par Albert-Eugène de Genève, marquis de Lullin. Son cloître, de la fin du règne de Louis XIII, offre, par son ornementation recherchée, de beaux souvenirs de la Renaissance.

Le *Musée*, situé dans les bâtiments de l'Hôtel de Ville, contient de belles galeries d'histoire naturelle, dont une collection complète des oiseaux du lac Léman. Les lacustres, le médaillier et les arts romains y occupent une grande place. L'on y remarque un beau chapiteau de l'ordre corinthien, présentant tous les caractères du style latin du VIe siècle;

divisé en deux étages, il représente douze scènes de l'Enfant prodigue.

Le *Musée* des Frères des Ecoles chrétiennes, au Pensionnat St-Joseph, est également à visiter. Il est fort riche et renferme bon nombre de pièces rares, intéressantes et curieuses.

Thonon possédait autrefois un *Château-fort* qui joua un grand rôle dans les guerres du XVI° siècle. Il fut détruit en 1589, lors de l'invasion de Sancy. Au lieu qu'il occupait se trouve maintenant une jolie place, la *Place Château*. La terrasse, bordée d'un parapet où l'on vient s'accouder à l'ombre de tilleuls séculaires, offre aux regards un incomparable point de vue.

Dans la rue Chante-Coq se trouve l'ancien *Château* des Guillet-Monthoux. La porte d'entrée est surtout très bien conservée.

Dans la rue des Arts l'on voit encore quelques beaux restes de la *Maison des Arts*, fondée en 1677 pour l'établissement de diverses manufactures.

Thonon possède d'autres monuments modernes, tels que : l'*Hôtel-de-Ville*, beau et vaste bâtiment qui ne déparerait pas une grande cité, la *Sous-Préfecture*, l'**Etablissement des Bains**, la *Caserne Dessaix* occupée par le 4° Bataillon du 30° de ligne, les Prisons, ancienne maison centrale déclassée, le Pensionnat des Frères de la Doctrine chrétienne, le Groupe scolaire, comprenant le Collège communal et les Ecoles primaires.

Chapelle de Rives

De l'esplanade de **Crête**, ombragée par de beaux arbres, qui sert de champ de foire et de champ de Mars, l'on domine la ville, et l'on jouit d'une vue très étendue sur le lac et les montagnes.

Au bord du lac, à Rives, où se trouve le port relié à la ville par un tramway funiculaire qui aboutit à la **Place Château**, et à côté d'un beau *jardin public*, l'Etat a fait construire un *Etablissement de Pisciculture* pour remplacer celui de Huningue.

GRANDE RUE DE RIVES

Promenades aux environs. — Les boulevards et les routes qui rayonnent autour de la ville offrent un choix complet de promenades incomparables :

RIPAILLE (25 m. N.-E.). — On peut gagner Ripailles, soit par le *nouveau quai* longeant le lac et partant du port de Rives pour aboutir au Château, soit par la route ancienne (route d'Evian et les Ursules). On passe alors devant le cimetière et une chapelle érigée en 1617, on traverse le village de *Concise* (ancienne chapelle et couvent des Capucins), pour atteindre **Ripaille,** jadis résidence d'Amédée VIII, duc de Savoie. Maison de plaisance sous Amédée VI, puis rendez-vous de chasse sous Amédée VII, qui y mourut en 1397, Ripaille devint, en 1410, sous Amédée VIII, un prieuré pour les chanoines Augustins, et passa en 1575, à l'ordre des saints Maurice et Lazare. Ripaille fut alors un château fortifié. Saint François de Sales restitua le cloître aux Augustins et, devenu évêque, y installa les Chartreux. C'est là qu'Amédée VIII fut salué pape sous le nom de Félix V.

Le domaine de Ripaille contenant 135 hectares, clos de murs, appartient à M. Engel-Gros. A signaler surtout dans la propriété le merveilleux parc de chênes distribué en étoile et planté d'arbres séculaires. Des constructions de divers âges indiquent encore les destinations de ce lieu célèbre.

Au bord de la pelouse, qui s'étend entre la forêt et le lac, existe une tour légendaire dans laquelle a poussé un noyer.

Le retour peut s'effectuer par un chemin qui, longeant les anciens fossés du château et les murs du parc, passe près du château de Thuyset, traverse le hameau de *Vongy* et la route du Simplon, passe à *Tully*, village qui est très probablement l'ancien Thonon, pour rentrer en ville par la route nationale de Thonon.

RUINES DES ALLINGES (alt. 712 m.). — La colline historique des Allinges s'élève au-dessus de Thonon. On sort de la ville par la place de la Croix et, après avoir dépassé un moulin, ancienne papeterie de la Sainte-Maison (bifurcation : à gauche, route de Boëge, nᵒ 6), une fabrique de pâtes alimentaires et le hameau de Collonge, on rencontre un charmant bouquet de verdure.

Ce sont les **Sources de la Versoie,** eau minérale froide (11°), alcaline, résineuse, balsamique, exploitée par la Société des Eaux minérales de Thonon-les-Bains, qui l'utilise dans son Etablissement hydrothérapique, tant en boissons qu'en bains et douches.

La tradition rapporte que, dans ses pérégrinations, saint François de Sales, souvent poursuivi, obligé de se réfugier dans les broussailles, de s'y frayer un chemin et d'essuyer les intempéries de l'air, avait gagné des blessures et des ophthalmies qui avaient cédé à l'usage de cette eau. Aussi, constatant sa vertu curative, en recommandait-il l'emploi dans ces deux cas.

Les Allinges (alt. 539 m.) — Bourg qui, au Xe siècle, était le plus considérable du Chablais. Pour gagner les Allinges on peut prendre le chemin de fer jusqu'à la **station d'Allinges-Mésinges,** d'où traversant le coquet village de Mésinges (ancienne chapelle et vieille tour), l'on atteint en 16 minutes le village d'Allinges.

De l'église, trois quarts d'heure suffisent pour atteindre les ruines. Un premier portail montre encore les fossés et les traces du pont-levis; un second donne accès à une vaste enceinte où s'élevaient deux châteaux-forts qui furent la clef du Chablais.

Le plus ancien, posté sur des contreforts à pic, indique par la construction de ses murs, une époque très reculée. L'autre manoir, plus vaste et qui domine le précédent, a été détruit en 1703.

On peut faire le tour des ruines par un sentier circulant sur le faîte de ces remparts. La chapelle qui, par son étroit plein-cintre, rappelle le XIe siècle, et dans laquelle saint François de Sales inaugura ses travaux de missionnaire en Chablais, fut restaurée en 1836; elle contient des peintures murales de l'époque romane.

Des Allinges la vue est des plus étendues sur le lac et les montagnes; à peu de distance, dans un petit golfe est le château de Coudrée; plus loin, la pointe d'Yvoire avec son manoir féodal; sur la hauteur, le château de Ténières, construction moderne; au bord du lac, le château de Beauregard, non loin duquel est une source minérale.

Le retour peut s'effectuer par le versant opposé. Après les villages des Mâcherons et de Noyer, l'on arrive à **La Chavanne,** où s'élève un chataignier colossal et légendaire ayant plus de 15 mètres de circonférence et 35 mètres de haut.

1. CHATEAU D'AVULLY.
2. CHATEAU DE BOFFAVENT.
3. CHATEAU DE LA ROCHETTE.
4. CHATEAU D'YVOIRE.
5. CHATEAU DE MARCLAZ

6 VILLA DE BASSARABA DE BRACOVAN
7. CHATEAU DE RIPAILLE.
8. CHATEAU DE THOYSET
9. CHATEAU DE BLONAY.

CORZENT ET LE CHATEAU DE MAR-CLAZ. — Promenade ravissante.

Départ par le boulevard des Bains en suivant la ROUTE SU-PÉRIEURE, véritable corniche dominant le lac avec vue sur la Dent-d'Oche et la montagne des Allinges, les Armones et les Voirons, ou par la route inférieure longeant le lac (Montjoux) pour arriver à **Corzent,** hameau de Thonon. Chapelle érigée en 1686. Retour par la route de Genève et visite au château de Marclaz.

———⋈———

EAUX MINÉRALES

Les Eaux Minérales de Thonon-les-Bains, dont l'exploitation a été concédée à la Société des Eaux Minérales de cette ville (1) sont des **Eaux froides bicarbonatées et nitreuses, contenant des quantités notables d'arsenic, de cuivre et de fer, ainsi que des traces de matières résino-balsamiques.**

L'analyse en a été faite dès 1859 et approuvée par l'Académie de Médecine ; leur exploitation, à titre d'Eaux Minérales, a été autorisée par décret du 22 juin 1864.

Ces eaux furent connues du temps des Romains, ainsi que l'a prouvé la découverte de monnaies, de poteries, de vases antiques, de débris de constructions et surtout de tuyaux de conduite d'origine romaine. Ces fragments, trouvés lors des travaux de captage en 1882, consacrent ainsi la réputation séculaire de ces eaux minérales.

De nombreuses analyses ont été faites depuis 1859 ; nous nous bornerons à reproduire ici celle faite en 1896 par M. le docteur G. Lochon, dans le laboratoire de l'Ecole d'Hydrologie de Bagnères-de-Luchon.

(1) Non loin de Thonon existe une source ferrugineuse (3 kil.) sur la route de Genève, un peu en amont et à gauche du village de Marclaz. L'analyse faite par Tingry donne par litre 0 gr. 10 de fer, 0 gr. 015 de sélénite et 0 gr. 46 de calcaire.

Cette eau a la même composition que celle d'Amphion, analysée également par le grand chimiste genevois. Elle doit se consommer *sur place,* car elle ne peut supporter ni le transport ni l'embouteillage. *On comprend toutel'importance de cette source ferrugineuse à une faible distance des Bains de Thonon et le rôle qu'elle peut avoir dans le traitement hydro-minéral de la chlorose, de l'anémie, etc.*

COMPOSITION CHIMIQUE DES EAUX MINÉRALES
DE THONON-LES-BAINS
(SOURCE SAINT-FRANÇOIS)

NOM DES SUBSTANCES	DOSES PAR LITRE
Acide carbonique	0,082
Acide azotique.	0,007
Acide phosphorique	Traces
Acide chlorhydrique.	0,0022
Acide sulfurique. . . . . , . . .	0,0269
Silice	0,040
Arsenic	
Cuivre.	Traces
Alumine.	très sensibles
Manganèse	
Chaux	0,112
Magnésie	0,0182
Soude	0,040
Matière organique.	Traces sensibles à odeur résino-balsamiques
Résidu à 100°.	0,328

Si nous rapprochons cette analyse de celle faite sur les Eaux d'Evian, par M. J.-A. Barral, en 1882 (1), nous trouvons **une similitude presque complète dans la composition** des Eaux des deux stations balnéaires chablaisiennes.

D'ailleurs la méthode expérimentale avait depuis longtemps démontré, avant même que la chimie ne l'eût prouvée, la similitude d'action de ces deux eaux sur l'organisme.

L'Eau de Thonon, comme celle d'Evian a, en effet, une influence manifeste sur la *diurèse*; elle augmente la quantité des urines sans en diminuer toutefois notablement le chiffre de l'urée. Elle augmente la combustion organique, active l'élimination des déchets cellulaires, et produit en un mot le *lavage interne* de l'organisme.

Ainsi sont expliquées les spécialisations principales de l'Eau de Thonon-les-Bains et son action dans les maladies diathésiques (goutte, gravelle, obésité) et les affections des voies urinaires.

Par le cuivre et l'arsenic qu'elle contient, elle agit comme

(1) Dr *Bordet*, Evian médical.

ÉTABLISSEMENT DES BAINS

modificateur puissant de certaines dermatoses sèches, telles que : ecthyma, psoriasis, etc.

La fraîcheur de cette eau (11° c.), permet de l'employer dans tous les *usages hydrothérapiques* où une température basse est exigée, soit pour produire des *effets reconstituants* et toniques, soit pour modifier un *état nerveux* trop grand. *Anémiques* et *névrosés* retireront donc d'un séjour dans notre station les plus heureux effets. Le traitement hydrothérapique, joint aux distractions et à l'exercice en plein air dans un excellent climat, aura vite raison de ces organismes débilités et sans lésion apparente.

Enfin la pureté de cette eau permet de la conserver indéfiniment, de la transporter sous tous les climats et d'en faire une **Eau de table sans rivale.** Les analyses bactériologiques récentes faites par le docteur G. Lochon (1). ont prouvé que l'Eau Minérale de Thonon-les-Bains ne contient aucun germe microbien, ce qui explique pourquoi elle peut se conserver plusieurs années sans se corrompre.

L'Etablissement thermal, ouvert du 15 mai au 30 septembre, est situé aux portes de la ville, sur la route de Genève.

Les malades y trouveront tout le confort désirable pour faire leur cure dans les meilleures conditions de sécurité et de bien-être.

Cet édifice, récemment construit, contient de nombreuses cabines de bains, parfaitement installées et complètement indépendantes les unes des autres. Il comprend deux salles d'hydrothérapie complète, avec tous les appareils les plus modernes et les plus perfectionnés, tels que : douches en colonne, en arrosoir, en cercle ; grandes douches froides ou chaudes ; bains de vapeur et de fumigation ; bains de siège pour douches dorsales et lombaires ; douches ascendantes ; vastes piscines à eau courante et basse température (11°), etc., etc.

Ces dispositions permettent de répondre aux indications médicales les plus variées.

Attenant à l'Etablissement thermal, est un parc de deux hectares, à l'extrémité duquel se trouve la **Villa des Bains,** contenant les attractions d'usage ; de la terrasse l'on jouit d'une vue féerique sur le Lac, le Jura et les Alpes.

---

(2) Thèse de Lyon, *Storck* éditeur.

CYCLISME

Société du Vélo-Club de Thonon

Siège Social : CAFÉ PITTET, *Place de la Croix.*

Réunion : Brasserie St-Jean (SALLAZ) *Place des Arts.*
Brasserie du Château (PHILIPPE), *Grande Rue.*

Président : L. CARLOZ, *Avoué, Chef consul de l'U. V. F. Place de l'Hôtel-de-Ville, 4.*

T. C. F., délégués : BARON S. DE BLONAY, *Route d'Evian.*

M. EYMARD, *Ingénieur des Ponts et Chaussées.*

Ateliers de Réparations, Location de Machines.

GRILLON, *Place de la Croix.*

MAGNIN, *Grande Rue.*

IZERA, *Route de Genève, Marclaz.*

LOGEMENTS

Pour se loger à **Thonon,** *on peut choisir entre les Hôtels, les Villas et les Maisons particulières qu'on loue à la Saison (21 jours), au mois ou pour l'été, les prix variant selon la durée et l'importance de la location.*

HOTELS

Grand Hôtel des Bains, *1er ordre, recommandé. Pension depuis 7 fr. 50 jusqu'à 12 fr. par jour tout compris. Vue panoramique admirable sur le Léman et le Jura. Terrasse merveilleuse sur le lac.*

Hôtel de l'Europe, *1er ordre. A l'arrivée du Funiculaire Rive-Thonon. Terrasse sous les ombrages de la Place Château. Vue splendide sur le lac. Prix modérés.*

Hôtel de France, *1er ordre. Près de la Gare.*

Hôtel des Vallées, *Boulevard des Vallées.*

Hôtel du Léman, *Grande Rue.*

Hôtel du Midi, *Place de la Croix.*

Hôtel de la Croix-Blanche, *Rue des Arts.*

VILLAS A LOUER

1, 2, 3, 4, Moynat, Boulevard des Bains, de 1,200 à 2,000 francs, pour toute la saison d'été. (Voir annonces).

5. David (Montjoux).
6. Levesque, Boulevard des Bains.
7. Fornier, Boulevard des Bains.
8. Villa Colly, Rives. *(A vendre)*.
9. Villa Tachet, Rives.
10. Villa Dubouloz Ph. avec petit Chalet sur le quai.

MAISONS PARTICULIÈRES

Elles donnent des chambres au prix de 2 à 5 francs par jours. Plusieurs de ces maisons ont aussi des appartements complets qu'elles louent.

S'adresser au Bureau de Renseignements du Syndicat.

BRASSERIES

Brasserie Saint-Jean, Place des Arts.
Philippe, Place Château.
Café des Touristes, Genoud (T. C. S.-U. V. F.)

RESTAURANTS

Marius Moynat, Place de l'Eglise. (Chambres meublées, repas à emporter. Service à la carte. Table d'hôte : midi et 6 heures, 2.50 et 3 fr. vin compris. Salon de Société.

Cursat, Rue des Arts.

SALONS DE RAFRAICHISSEMENTS

Bullat, Grande Rue.
Lamellet, id.
Marius, id.

RENSEIGNEMENTS GÉNÉRAUX

Académie Chablaisienne. — Réunion le 2e lundi de chaque mois.

2

ARTICLES POUR TOURISTES (voir annonces)

MM. RASTOUL, *Bazar Parisien*, Grande Rue.

GANDER, Rue des Arts.

Banques. — Les Fils de H. Pinget, Rue des Arts, 18 ; MM. Berthet, Charmot et Cie, Rue des Arts, 16.

Bibliothèque. — *Société de Lecture* : au Collège. Prêt de livres (Romans, Littérature, Revues) 2 fois par semaine, mecredis et samedis, de 4 à 5 h. du soir.

Club-Alpin Français, Section du Léman. (Hôtel de France).

Collège. — Cours d'été durant les vacances.

Culte Catholique. — *Eglise paroissiale*, Grande-Rue. Messes de 5 h. 1/2 à 7 h. 1/2 du matin ; les Dimanches et Fêtes, grand'messe à 9 h. 1/2 et messe basse à 11 h. — *Chapelle du monastère de la Visitation*, Rue des Granges, Messes à 6 h. et 7 h. du matin, et les Dimanches et Fêtes à 8 h. 1/2. — *Chapelle de l'Hôtel-Dieu*, Rue de l'Hôtel-Dieu. Messe à 7 h. du matin.

Culte protestant français. — Boulevard des Vallées. Culte le dimanche à 2 heures.

Douanes. — M. Champiot vérificateur. Bureaux : Place de la Croix (Clos Bellecour).

MÉDECINS CONSULTANTS

MM. BLANCHARD, Grande Rue.

BOCCARD, Rue des Arts.

DÉNARIÉ, Rue Chante-Coq.

GENOUD, Place des Arts.

LOCHON, Place de l'Hôtel de Ville.

VAUTTIER, Rue de Crête.

Pharmaciens. — MM. Deborne, Rue des Arts ; Deroux Grande Rue et Rue Vallon ; Giraud, Grande Rue ; Pharmacie de l'Hôtel-Dieu.

Postes et Télégraphes. — Bureaux : Grande-Rue, nº 31, ouverts de 7 heures du matin à 9 heures du soir. — Service des mandats télégraphiques. — Caisse d'Epargne postale. — *Pour Genève et la Suisse dans un rayon de 30 kil. 0 fr. 15 l'affranchissement de 15 grammes.*

Société de St-Hubert, siège social, *Brasserie du Château*.

PORT DE THONON

LE CHABLAIS

Le *Chablais*, ancien duché de la Province de Savoie a la forme générale du demi-cercle qui a Thonon pour centre, la rive enchanteresse du Lac Léman pour diamètre, et les contreforts des Alpes de Savoie pour circonférence.

Il est divisé en deux secteurs sensiblement égaux par *la Dranse*, le plus fort et le plus important des affluents du lac après le Rhône ; le secteur de droite ou *septentrional* était jadis dénommé *Pays de Gavot* et s'arrêtait à la Morge, torrent encaissé servant de limite actuelle entre la France et la Suisse. Celui de gauche ou *Chablais occidental* s'étendait jusqu'aux montagnes de la rive droite de l'Arve, la Menoge, affluent qui les séparait du Faucigny.

Anciennement habité par les *Allobroges* le Chablais devint florissant sous la domination romaine et fit partie de la Gaule Narbonnaise, puis de la Viennoise. Les Burgondes barbares venus de la Vistule s'emparèrent du Pays et y colonisèrent, fait historique qui explique comment on rencontre au sein de nos villages alpestres de nombreuses coutumes germaniques et le type de la race bourguignonne dans les habitants des hautes vallées (taille élevée, yeux bleus et cheveux blonds).

En 1228, le Chablais fut érigé en duché, et aussitôt les châteaux-forts s'élèvent pour soutenir les luttes contre les Seigneurs de Chillon et de Berne ou contre les armées du roi de France (François 1er et Louis XIV). En 1792, le Chablais devint français et fit partie du département du Mont-Blanc dont Genève était le chef-lieu.

Puis il redevint possession de la Maison de Savoie qui le rendit définitivement à la France après le plébiscite du 22 avril 1860, où la population libre enfin de posséder un gouvernement de son choix déclara par 130,839 *oui* contre 235 *non* qu'elle voulait être française.

Aujourd'hui l'ancienne Province, est devenue l'arrondissement de Thonon-les-Bains, une des trois sous-Préfectures du département de la Haute-Savoie et contenant 6 cantons et 72 communes.

De ses anciens privilèges il lui reste encore celui de faire partie de la *zone franche*, c'est-à-dire d'être placé en dehors du rayon douanier français.

Les conséquences qui résultent d'un tel état de choses sont utiles à connaître du touriste et de l'étranger, aussi tenons-nous à les expliquer ici rapidement :

a) *Tout produit venant de France ou d'un pays étranger peut entrer librement dans la zône, sans être soumis aux tarifs douaniers.*

b) *Les articles français et suisses, qu'on y trouve, sont dégrevés (tabac, allumettes, absinthe, café, sucre, chocolat, cartes à jouer, etc., etc.).*

c) Les produits de la zône seule peuvent entrer librement en France, s'ils sont accompagnés d'un certificat d'origine délivré gratis à la mairie ou d'un extrait-permis délivré par le Vérificateur des douanes.

Il en résulte que pour éviter des ennuis à leur rentrée en France, les Etrangers qui viennent en Chablais, devront à leur passage à la douane (Bellegarde ou Annecy), en quittant le territoire français, demander un Permis de rentrer *pour les objets soumis aux tarifs douaniers (bicyclettes, automobiles, argenterie, linge neuf, etc.)*

Les cyclistes feront plomber leurs machines, à moins qu'ils ne soient membres d'une société vélocipédique qui supprime cette formalité T.-C.-F., T.-C.-S. ou U.-V.-F.).

En quittant le Chablais les étrangers auront à subir les formalités de la douane, soit pour entrer en France (visite à Bellegarde ou Annecy), soit pour pénétrer en Suisse (visite à Genève, St-Gingolph ou à bord des vapeurs de la Compagnie de Navigation.

La **Carte ci-jointe** de la région chablaisienne nous dispensera de donner de longs détails sur la topographie de l'arrondissement de Thonon. Qu'il nous suffise de dire que cette région est sillonnée de superbes routes carrossables et cyclables ouvertes de toutes parts pour desservir le plus grand comme le plus petit village. Pour faciliter la tâche du *touriste* qui voudra les parcourir, *du cycliste* qui se dispose à visiter rapidement les merveilleux sites de notre pays, nous avons

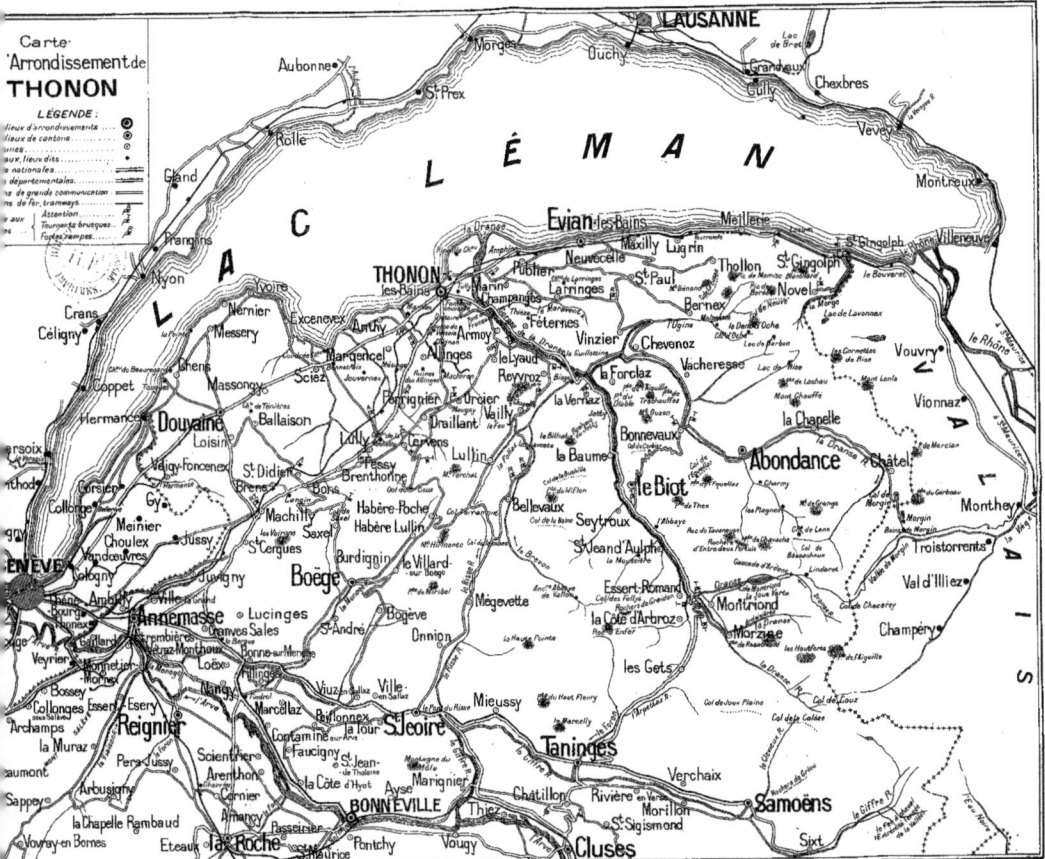

LAUSANNE

LAC LÉMAN

Aubonne
Morges
Ouchy
Grandvaux
Chexbres
St Prex

Vevey
Rolle
Montreux

Gland
Villeneuve

Prangins
Nyon
EVIAN-les-Bains
Meillerie
St Gingolph
le Bouveret

Crans
Céligny
Ivoire
THONON
les-Bains
Publier
Neuvecelle
Maxilly Lugrin
Thollon
St Gingolph
Novel

Nernier
Excenevex
Arthy
Marins
Champanges
St Paul
le Rhône

Messery
Margencel
Sciez
Orcier
Allinges
Armoy
Féternes
Vinzier
Chevenoz
Vacheresse
Vouvry

Hermance
Coppet
Chens
Massongy
Perrignier
le Lyaud
Reyvroz
la Forclaz
la Chapelle
Vionnaz

Douvaine
Loisin
Ballaison
Lully
Draillant
Vailly
la Vernaz
Bonnevaux
Abondance
Châtel
Monthey

St Didier
Lervens
Lullin
la Baume
le Biot
Troistorrents

Corsier
Collonge
Brens
Bons
Fessy
Brenthonne
Bellevaux
Seytroux
St Jean d'Aulph
Val d'Illiez

Veigy-Foncenex
St Cergues
Machilly
Saxel
Habère-Poche
Habère-Lullin
Champéry

Meinier
Choulex
Jussy
Burdignin
Boëge
le Villard
Essert-Romand
Montriond

GENÈVE
Cologny
Juvigny
Bogève
Mégevette
Onnion
la Côte d'Arbroz
Morzine

Ambilly
Lucinges
St André
les Gets

Annemasse
Cranves Sales
Bonne-sur-Menoge
Loëx
Vétraz-Monthoux
Mieussy
Taninges

Veyrier
Bossey
Nangy
Ville
St Jeoire
Verchaix
Samoëns

Collonges
Essert
Esery
Marcellaz
Viuz-en-Sallaz
la Tour
Faucigny
Marignier
Chatillon
Rivière
Morillon
Sixt

Archamps
la Muraz
Reignier
St Jean-
de Tholome
Ayse
Thiez

Beaumont
Pers-Jussy
Scientrier
Arenthon
Marignier
BONNEVILLE
Cluses

Sappey
Arbusigny
la Côte d'Hyot
St Sigismond

Vovray-en-Bornes
la Chapelle Rambaud
Amancy
Passeirier
Vougy
Eteaux
La Roche
St Maurice
Pontchy

réuni sous forme d'Itinéraires les principaux renseignements pratiques indispensables. Le *médecin* également d'un coup-d'œil y trouvera chemin faisant le nom et les principales indications climatériques des nombreuses stations d'altitude de notre région, et des richesses hydro-minérales qu'elle renferme.

Pour la commodité de la description nous avons numéroté ces routes de 1 à 8, en adoptant l'ordre suivant :

No 1 THONON-ST-GINGOLPH
No 2 THONON-DOUVAINE
No 3 THONON-BERNEX
No 4 THONON-ABONDANCE
No 5 THONON-MORZINE
No 6 THONON-MÉGEVETTE
No 7 THONON-BOEGE
No 8 THONON-BONS

ROUTE N° 1

Thonon à Saint-Gingolph

(Bateaux. — P.-L.-M. — Voitures Publiques)

Cette route, suit presque continuellement la rive droite du Lac Léman depuis Amphion jusqu'à Saint-Gingolph.

Au départ de Thonon (PLACE CHATEAU) on rejoint par une descente assez rapide les rives de la Dranse laissant à gauche le CHATEAU DE THUYSET, et la route qui conduit à RIPAILLE ancienne résidence des Ducs de Savoie.

A droite on aperçoit les côteaux de **Marin**, **Publier** et **Féternes**, et dans le fond les **Dents d'Oche** dont les cimes neigeuses font un heureux contraste avec les vignobles qui garnissent les premiers plans de la montagne.

A deux kilomètres, près de VONGY, hameau jadis très important, la route traverse la Dranse sur un pont construit parallèlement à un ANCIEN PONT du XVI° siècle, de 24 arches et dont il reste encore de beaux vestiges.

Non loin du pont, se dresse le CHATEAU DE BLONAY, construction récente élevée sur le côteau de Marin.

Avant d'arriver à Amphion, on trouve le clos d'Aulph, ancienne possession des Moines de l'Abbaye de St-Jean-d'Aulph.

Amphion-les-Bains (6 kil.) *entouré de bosquets de châtaigniers et renommé par ses eaux. Deux sources minérales y sont exploitées, dont une ferrugineuse bi-carbonatée et l'autre alcaline.*

De luxeuses villas, dont celle de la princesse de Brancovan (*villa Bassaraba*) est la reine, parsèment ses alentours fleuris. L'une d'elles, le *Miroir*, possède un poirier légendaire dont le tronc mesure 3 m. 45 de circonférence. Les splendides jardins de la villa Bassaraba peuvent être visités certains jours de la semaine.

LUGRIN-TOURRONDE

Evian-les-Bains (10 kil., chef-lieu de canton, Postes et Télégr., altit. 378 m., 3.000 hab.). — *Avec ses trois vieux châteaux restaurés, son église de style roman, est la seconde ville du Chablais. Ses cinq sources minérales alcalines, découvertes en 1789 et exploitées dès cette époque acquièrent de jour en jour une réputation des plus méritées.*

La renommée de la station balnéaire d'Evian n'est plus à faire ; on y trouve toutes les ressources de confort et d'agrément de la civilisation française : Hôtels luxueux, deux Établissements de Bains, Casino-Théâtre situé au bord du Léman, et pensionnant chaque été les meilleurs artistes de Paris et de Nice, etc., etc.

Continuant à longer la côte de Savoie on rencontre : La **Grande-Rive** et sa source ferrugineuse, la **Petite-Rive** et son *Château féodal* (de Blonay) admirablement restauré. **Lugrin** (15 kil.) au milieu de magnifiques châtaigneraies. **La Tourronde** tirant son nom du donjon élevé par les Ducs de Savoie pour la défense de la Côte.

Meillerie (20 kil.). est bien connu de tous ceux qui ont lu la *Nouvelle-Héloïse*, de J.-J. Rousseau. La fameuse grotte a disparu dans les tranchées énormes formées par les carrières d'où sont sorties, morceaux par morceaux, toutes les villes riveraines du lac sans exception. C'est à Meillerie que le bord du lac est le plus abrupt. Un peu après, le hameau de *Bret* occupe, dit-on, la place de l'ancien *Tauretunum*, ville romaine détruite en 563 par la chute d'une montagne voisine.

7 kilomètres séparent Meillerie de Saint-Gingolph et suffisent à transformer du tout au tout le paysage ; plus de carrières, plus de falaises, mais des pentes douces remontant jusqu'à 1,500 ou 2,000 mètres, couvertes de bois de toute essence et terminées par une dentelle d'arêtes rocheuses.

Saint-Gingolph, bâti sur les alluvions de la Morge, torrent profondément encaissé qui sert de limite entre la France et la Suisse.

Saint-Gingolph (alt. 384 m., Bateaux, P.-L.-M., Postes et Télégraph.). *Quatre petits hôtels et quelques pensions de famille au prix de 5 et 6 fr. par jour, villas à louer* (prix peu élevés). *Bon climat, vents peu violents, quelques brouillards, cure de lait, eaux minérales peu connues et non exploitées.*

Les deux voies de terre (route nationale et chemin de fer sont presque côte à côte dans toute leur longueur.

En remontant la rivière de la Morge, après une ascension d'environ 1 heure 1/4 à pied ou à mulet, on trouve le village de *Novel* situé au fond d'une gorge étroite, tapissée de bois ravissants et de pâturages, incomparables. Les stations suisses de la rive nord du lac, aperçues à l'extrémité de cette sorte de couloir verdoyant et fleuri, présentent un coup d'œil qui vaudrait à lui seul le déplacement. De Novel on peut faire l'ascension de la *Dent d'Oche* (2,225 mètres d'altit.) en 4 heures. En deux heures de marche on arrive au *col de Neuves* d'où le panorama est grandiose sur le lac et les Alpes. Après la traversée de l'arête se trouve un passage peu praticable aux touristes qui craignent le vertige, mais sans danger pour les autres. (*A Novel on trouve des guides moyennant 10 francs.*)

De Novel on peut aussi faire en deux heures l'ascension du *Blanchard* (1,415 mètres), d'où l'on jouit d'une très belle vue sur le lac et les cimes vaudoises.

CYCLISME

Départ, Place Château. Route idéale même en temps de pluie, ni boue, ni poussière. Chaussée magnifique (Route nat. no 5) *plate et ombragée : une seule descente importante à signaler* (300 mètres environ) *à deux kilomètres de Thonon, près du château de Thuyset.*

A **Evian,** *prendre avant d'arriver en ville à gauche la route du Quai pour éviter la traversée de la ville et la grande descente qui la termine.*

PORT DE MEILLERIE

A **Meillerie,** *mettre pied à terre pour la traversée des carrières, toujours mauvaise, quelque fois même impraticable en machine,* (300 m. environ) *à cause des éclats de pierres recouvrant la route.*

A **Saint-Gingolph,** *douane suisse, ne pas oublier les formalités. Le bureau de la douane est fermé de midi à une heure et après sept heures du soir* (Heure de l'Europe centrale avançant de 55 minutes sur celle de Paris).

Postes de Secours. — Ateliers de Réparations

Evian : CUNEO.

PEILLEX.

HOMBERG.

Meillerie : BLANC, dit *Basset.*

Le Bouveret (Suisse) : CHALET DE LA FORÊT (T. C. F.).

MOYENS DE TRANSPORTS

Services réguliers du P.-L.-M.

BELLEGARDE AU BOUVERET. — *(Voir horaire).*

Bateaux

Service d'été à partir du 1er juin.
Service d'automne à partir du 15 septembre.

Voitures publiques entre Thonon et Evian (0 fr. 50 cent.)

Voitures particulières :

Thonon-Evian, 6 fr.
Thonon-Lugrin, 10 à 12 fr.
Thonon-Saint-Gingolph, 20 à 25 fr.

ROUTE N° 2

Thonon à Hermance et Douvaine

(Voitures Publiques. — Bateaux)

Il n'existe malheureusement pas de chemin cotoyant réguliè-
rement les rives du Lac Léman. La route dite du *Tour du Lac*
s'écarte de ce dernier à différents endroits. Il en est ainsi
lorsqu'on se dirige de Thonon par voie de terre sur **Anthy
et Sciez**, les deux premières stations des bateaux à vapeur
dans la direction de la frontière ouest. Le trajet de Thonon à
Sciez *(9 kilomètres ; bateaux et voitures publiques 2 fois par
jour, 0 fr. 70 par personne)*, est d'ailleurs loin d'être monotone.

La route côtoie constamment d'opulents vignobles et traverse
de pittoresques vallons, véritables nids de verdure. Au surplus
le touriste qui aime la marche peut très bien gagner à pied
Sciez par la grève ; les fatigues seront largement compensées
par la beauté du paysage.

Sciez, (10 kil.) la plus grande commune du département
est une localité très ancienne qui a joué un grand rôle durant
l'occupation du pays par les Bernois.

Un peu avant **Bonnatraix**, le premier hameau de Sciez,
s'embranche à main droite le chemin du port et du **Château
de Coudrée.** Celui-ci appartint jadis à la maison d'Allinges
une des 27 familles historiques de la Savoie, et échut plus
tard aux Alfiéry du Piémont. Actuellement il est la propriété
de la famille Bartholoni.

C'est un vieux castel au profil grave à l'architecture
lourde et sévère du XIIᵉ siècle, entouré d'un magnifique parc
que le concierge laisse habituellement visiter et que nous
recommandons aux touristes.

Indépendamment de hautes futaies d'une remarquable
venue, ce parc renferme une véritable *forêt de buis* archi-cen-

tenaires, dont beaucoup dépassent 10 mètres de hauteur et possèdent un tronc de 30 à 40 centimètres de diamètre. Rien ne saurait rendre l'aspect étrange et presque fantastique de ce bois unique au monde. — Les allées du parc reproduisent le plan de la ville de Turin.

Non loin du château se trouve le bourg de **Filly** et, à la limite d'un bois de chênes à quelque distance du village s'élève un pan de mur, vestige de l'ancienne *Abbaye de Filly* datant du XVI⁰ siècle.

En sortant de Coudrée, il faut de nouveau abandonner le lac et regagner la route nationale que l'on suit pendant 1,200 mètres jusqu'aux écoles de Sciez. Là se trouve à droite la bifurcation qui conduit à **Yvoire** *(6 kil. 1/2, station de bateaux)*.

Dix minutes plus loin on retrouve la pleine vue du lac. Le spectacle est alors d'une rare beauté ; au-delà de l'immense nappe d'azur qu'offre le Léman à l'extrémité de la ligne verdoyante du rivage, on aperçoit dans le lointain, légèrement estompée de hâle, la blancheur des maisons de Thonon se détachant sur la masse imposante de la Dent d'Oche et de ses contreforts.

Après avoir dépassé la petite commune d'**Excenevex** (13 kilom.) côtoyant toujours le lac, la route traverse des châtaigneraies séculaires ombrageant de ravissantes pelouses qui semblent tout spécialement créées pour servir aux repas et réjouissances champêtres.

A quelques centaines de mètres d'Yvoire, à l'extrémité du cap, voir les débris des anciens remparts du **Château de Rovorée** qui remonte probablement à l'époque de la conquête romaine.

Yvoire (15 kilom.) petite cité fortifiée, encadrée dans les plus charmants fouillis de verdure qu'un peintre puisse souhaiter. Deux de ses portes à l'arc gothique sont assez bien conservées. Le château fort au donjon carré, couvert de lierre, qui brave les tempêtes, solidement assis à l'extrémité de la pointe d'Yvoire, prouve que jadis ces lieux donnèrent asile à des populations bien plus belliqueuses que les pêcheurs, ses hôtes d'aujourd'hui.

Le *château* propriété actuelle du baron d'Yvoire, fut illustré aux temps des invasions bernoises par Jean d'Yvoire Bras de

Fer ainsi nommé parce qu'une mousquetade l'ayant privé de son bras gauche, il dut le remplacer par un bras métallique. Jean d'Yvoire se servait fort adroitement de celui-ci pour guider son cheval de bataille ; depuis sa mort le bras de fer, singulier spécimen de l'industrie orthopédique au moyen âge, est conservé au château, où les visiteurs peuvent le voir.

Yvoire. — (Canton de Douvaine, 500 hab., altit. 380 m., Postes et Télégraph. à Nernier, 2 kilom., Bateaux, courriers réguliers). — *5 auberges, prix ordinaires 5 fr. par jour, tout compris. Chalets et Villas à louer de 40 à 70 fr. par mois.*

Bonne station pour cure de raisins. Climat doux, un peu de brouillards.

Nernier (19 kilom.) vit en 1815 Lamartine y résider, jusqu'à la chûte de Napoléon Ier, dans une maison appartenant à un nommé Duchêne, en face de la tannerie actuelle. Sa promenade favorite était le moulin de Marcobloz, à mi-chemin d'Yvoire, dont quelques ruines subsistent seules. Une station lacustre se trouve à 600 mètres environ du port vers l'Est. Sous 6 mètres d'eau on la distingue très nettement. Le château de Nernier est la propriété du comte d'Antioche. A Nernier commence le service du « Petit Lac » fait par les vapeurs de la Cie de Navigation.

Messery. *(Voiture publique sur Douvaine tous les jours)*, à 3 kilomètres de Nernier, est bâti à quelques centaines de mètres du lac, sur la pente douce d'un verdoyant coteau. Plusieurs familles étrangères y ont déjà fait construire des habitations d'été ; le morcellement extrême de la propriété y rend les acquisitions de terrains particulièrement aisées. En automne la chasse y est très fructueuse. Station lacustre en face de la Pointe de Messery. Source minérale à proximité du lac, vers **Salins.**

Messery, (canton de Douvaine, 635 hab., alt. 428 m. Poste à vingt minutes. Voitures particulières, 8 à 10 fr. par jour). *Trois auberges dont deux peuvent loger des étrangers 5 à 6 fr. par jour. Deux maisons meublées, 7 à 8 fr. par jour.*

Excellente station d'été. Eau ferrugineuse. Cure de lait et de raisins.

Climat parfait, sec, vent du Nord sans brouillard, pluies rares.

Lorsqu'on suit la route de terre, pour aller de Nernier à **Chens**, on passe à côté du *Château de Beauregard*, entouré d'arbres superbes. Dans la grande salle du premier étage se trouve une antique cheminée monumentale sculptée par un artiste italien ; on peut visiter le château ainsi que la magnifique collection de tapisseries et d'armes anciennes qu'il contient.

A Messery et dans toute la région jusqu'à Douvaine on a retrouvé des traces indéniables d'une longue occupation du pays par les armées romaines, monnaies, inscriptions votives à Jupiter et Mars, débris de camp retranché, etc., preuve que les maîtres du monde ont séjourné longtemps dans nos sites enchanteurs.

A **Tougues**, hôtel au bord du lac et source d'eau minérale ; voir la grotte d'où elle jaillit. Cette eau est similaire de celles d'Evian et de Thonon. A proximité, colonie agricole de *l'Orphelinat de Saint-Joseph du Lac.*

Tougues est la dernière localité française du bord du lac vers l'Ouest. Si l'on veut continuer la promenade en demeurant sur notre territoire, il faut remonter vers l'intérieur à gauche dans la direction de *Douvaine*, important chef-lieu du canton et coquette petite ville où l'on parvient en trois quarts d'heure de marche à pied ou vingt minutes en voiture (4 kilomètres) sur une excellente route à travers bois. (Service régulier de voitures de Tougues à Douvaine).

Douvaine, chef-lieu de canton, 1,294 hab., altit. 428 m. Postes et télégraph. *Voie étroite pour Genève. Voitures publiques pour Thonon et Tougues. Voitures particulières, journée 10 fr. demi-journée 6 fr. 3 bons hôtels depuis 3 fr. 50 par jour. Maisons et chambres meublées.*

Climat doux, pas de brouillards, excellente station d'automne et de printemps.

Douvaine (16 kilom.) est le centre du *vignoble de Crépy* célèbre parmi les amateurs de vin blanc sec. Le plus important producteur de vin de Crépy est M. Côte, propriétaire du **château de Ténières** construit au sommet du coteau élevé qui domine Douvaine. Ce château, d'où l'on embrasse un panorama merveilleux et qui est entouré d'un parc magnifique, peut être visité par les touristes lorsque les propriétaires sont absents. Se renseigner à Douvaine.

Dans cette localité se trouve également le **château de Troches** appartenant à M. le marquis Trédicini de Saint-Sévérin, et à l'extrémité ouest du bourg, l'orphelinat Saint François de Sales.

De Douvaine on peut à volonté rentrer directement à Thonon par la route nationale qui passe à Massongy et Sciez, ou gagner le pied de la montagne des Voirons (voir plus bas), par **Brens**, où se trouve un ancien château démantelé occupé par une exploitation agricole et une *pension d'étrangers*, et **Bons**, station du chemin de fer (voir route nº 8).

Dans les environs de Douvaine au lieu dit **Châtelard** on peut voir la *Pierre à Martin*, énorme bloc de roche primitive, apportée jadis par les glaciers du Rhône, parallélipipède irrégulier de 20 pieds de haut et d'une structure particulière.

CYCLISME

Départ: place de la Croix. Route nationale nº 5 de Paris en Italie par Genève et le Simplon. Très plate, bonne chaussée.

Quelques rares montées, faciles, courtes et nullement dangereuses (Sciez, Massongy).

A partir de la mairie de Sciez part à droite une route très pittoresque et presque plate, mais souvent peu cyclable, gagnant Genève par Messery-Yvoire, **Hermance** *(frontière suisse), Anières et Vésenaz. La route nationale s'écarte du lac, elle est meilleure que la précédente, passe par Douvaine et* **Corsier** *(frontière suisse). Celle-ci suit à partir de Douvaine les rails de la voie étroite de Genève-Douvaine.*

A Hermance ou à Corsier faire les formalités de la douane. Celle-ci est fermée de midi à une heure et après sept heures (Heure de l'Europe centrale avançant de 55 minutes sur celle de Paris).

Postes de secours et Réparations

Marclaz : IZERA.
Douvaine : HOTEL DE LA POSTE, ROSSIAUD (T. C. F.).
Massongy.

MOYENS DE TRANSPORT

Pour Sciez, Yvoire et Nernier, service des bateaux
(Service d'été depuis le 1er juin, d'automne depuis le 15 septembre)

**Pour Douvaine, voitures publiques (1 fr. 50) desservant
Sciez et Massongy**

Voitures particulières

Thonon-Douvaine, 12 francs.

ROUTE N° 3

Thonon à Bernex et à la Dent d'Oche

à pied ou en voitures particulières

Soit par Marin et Champanges, soit par Féternes (Thièze) et la montée du *Plan Fayet*.

Les deux chemins se rencontrent à **Larringes** (10 kil. de Thonon). *Commune de 670 habitants, altitude 803 mètres. Poste deux levées. Courrier de la vallée d'Abondance sur Evian s'arrête à l'hôtel. Service particulier sur Evian durant l'été. Deux auberges. Un bon hôtel* La Jeune France. *Maisons meublées à louer. Pensions dans maisons bourgeoises, prix modérés.*

Climat très doux, pas de brouillards. Air pur. Voisinage des sapins. Cures de lait et de raisins. Eaux ferrigineuses. Le touriste devra s'arrêter pour visiter le **château de Larringes**, dont les ruines sont fort curieuses. Un café-restaurant *(café des Touristes)* est établi dans la cour du Château. Dans les murs de la salle à manger sont encastrées des armoiries ; on remarquera l'ancien plafond de la salle où se trouve l'escalier de la tour.

De cette tour, très belle vue panoramique sur le Léman tout entier, la plaine du bas Chablais, les montagnes de la Suisse et de la Savoie, le Salève, le Jura, le Moléson, la Dent de Jaman, les Rochers de Naye, la Dent d'Oche, la Tour Sallières, le Mont-Blanc, le Mont Billiat et les Voirons.

De Larringes à Bernex (10 kil.) par **Saint-Paul**, pittoresquement situé à 836 mètres d'altitude ou directement par un chemin à travers bois.

Saint-Paul. *(Poste). Voiture publique sur Evian (Hôtel-pension 5 francs par jour).* Eaux sulfureuses à 5 kilomètres.

Bernex (1,069 habitants), altitude 945 mètres. Voitures particulières. Poste à Chevenoz et St-Paul. Hôtel-pension de 4 à 6 francs par jour. *Climat très sain, sec et beau, abrité contre les vents du Nord.*

LE MONT CÉSAR — BERNEX — LA DENT D'OCHE

Situé au fond d'une riante vallée, le village de Bernex est entouré de tous côtés par des montagnes élevées.

La plus haute est la *Dent d'Oche* (2,225 mètres), qui attire le regard de toutes les régions environnantes.

Son ascension, quoique pénible (4 h. 1/2), ne présente pas de difficultés sérieuses. En partant du chef-lieu de Bernex, vers minuit, on peut arriver au sommet pour le lever du soleil et jouir ainsi de l'incomparable panorama qui se déroule aux yeux du touriste.

La chaîne du *Mont-Blanc* paraît seulement distante de quelques kilomètres. Les Alpes de Savoie, les Alpes valaisannes, vaudoises et bernoises, avec leurs glaciers et leurs pics neigeux, limitent le tableau au Sud et à l'Est.

Outre l'incomparable Léman, on découvre le lac de Bret et l'extrémité sud du lac de Neuchâtel.

La chaîne du Jura avec ses belles pentes boisées, borne l'horizon au couchant.

Il ne faut pas oublier de jeter un coup d'œil sur les Voirons, au lever du soleil; on voit alors l'ombre de la Dent se projeter sur sa rivale du bas Chablais, à 40 kilomètres de distance.

La plate-forme du point culminant n'a que 40 à 50 mètres de surface; elle est gazonnée et surmontée d'une croix, élevée près du signal de triangulation établi pour la topographie du canton de Vaud.

L'ascension peut se faire par *Malpasset*, le pré des *Rochers* et le *chalet d'Oche*. Du chalet en contournant et en revenant vers le couchant, on monte par un couloir resserré assez abrupt.

Memise (1,682 m., 1 h. 1/2). Pour reposer le touriste de l'ascension de la Dent, nous lui conseillerons le lendemain la promenade de Memise, au milieu des belles forêts de sapins et des pâturages les plus luxuriants.

Les rochers à pic qui bordent Memise du côté nord s'aperçoivent de fort loin et semblent sortir du Lac Léman lorsqu'on les voit d'une des cimes du canton de Vaud.

Mont César (1,530 m., 1 h. 1/2). Les cinq pointes de César ne sont, en réalité, que l'extrémité sud de Memise. Elles sont formées d'un rocher calcaire en pleine désagrégation; des éboulements considérables s'y produisent fréquemment.

D'après la tradition, une armée de Jules César aurait dû rebrousser chemin devant cette masse rocheuse se présentant comme un obstacle infranchissable. Voilà pourquoi Bernex semble gardé par la vaste forteresse en ruines nommée Mont César.

Col de Creusaz. — Un fait historique se rattache au col de Creusaz, dépression entre le mont César et le mont Bénand par laquelle on peut gagner Thollon, de Bernex.

En 1689, un détachement de Lucernois se dirigeant par les montagnes sur la vallée de Saint-Jean d'Aulps fut surpris par les habitants de Bernex qui brûlèrent leur camp. De là le nom de *brûle-camp* donné quelquefois à ces braves montagnards. Tous les cinq ans une procession se dirige vers le champ de bataille, surmonté d'une croix, un service funèbre y est célébré.

Mont Benand, 1,200 m. (1 heure). — Le Mont Benand, presque entièrement boisé, est d'un accès très facile. Sous de charmants ombrages on respire l'air embaumé de senteurs résineuses et la vue s'étend agréablement sur le bas Chablais, le plateau de Saint-Paul, le Fayet, les petits lacs de la Beunaz et la plaine des Faverges.

CYCLISME

Cette route n'est point accessible aux cyclistes, la montée est impossible en machine et la descente très dangereuse vu la pente et les tournants brusques.

MOYENS DE TRANSPORT

Sur cette route et pour desservir ces localités, il n'existe ni courrier ni transport régulier. Il faut donc aller à pied ou prendre des voitures particulières.

Cependant de Larringes à Evian existe durant l'été un service particulier de voitures fait par le propriétaire du château transformé en hôtel (3 francs aller et retour). Courrier de St-Paul à Evian (0 fr. 75 la course). Courrier d'Abondance à Evian par Larringes (1 fr.).

GORGES DE LA DRANSE

ROUTE N° 4

Thonon à Abondance et Chatel

(Voitures publiques)

Une belle route part du boulevard des Vallées, passe près de la Fontaine couverte et **Tully**, petit village qui, au XVIe siècle, possédait une église paroissiale dédiée à saint Etienne, avec cimetière et une maladière où étaient soignés les lépreux de la région.

La route longe ensuite la rive gauche de la Dranse avant de la traverser sur le **Pont des Français** ou de **Ladouceur** (3 kilom.). On laisse à gauche la montée de **Plan Fayet** conduisant à Féternes (8 kilom.) et Bernex.

Après le pont commencent les gorges de la Dranse dont la magnificence ne le cède en rien à celles du Guiers, près de la Grande-Chartreuse.

« Il semble, dit Charles Buet, qu'on soit dans une de ces
« vallées sauvages de l'Ecosse où les héros de Walter Scott
« cheminent d'aventure en aventure, ici assaillis par les ban-
« des de montagnards aux jambes nues, là tout à coup épou-
« vantés par l'apparition soudaine de la Dame blanche, d'un
« elfe ou d'un farfadet.

« A droite et à gauche de la route qui suit les sinuosités de
« la rivière, s'élèvent des rochers affectant les formes les plus
« diverses et les plus fantastiques; larges blocs superposés en
« assises de murs cyclopéens et formant des remparts inacces-
« sibles; masses colossales entassées sans ordre où se creu-
« sent des antres ténébreux qu'on croirait le repaire d'ours
« ou de fauves; parois taillées à pic sillonnées de rayures pro-
« fondes; éboulis gigantesques qui semblent recouvrir des
« cités mortes; aiguilles énormes portant à leurs cimes des
« sapins dont un bec d'épervier apporta jadis à ces hauteurs
« la semence; pyramides renversées, qui vont peut-être tout
« à coup s'ébranler sur leur base, ensevelir la route sous un
« amas de décombres et fermer toute issue au torrent.

« Et partout ces roches grises ou rousses, vieux granits
« soulevés par des convulsions antéhistoriques, poudingues
« remontant au déluge, blocs erratiques contre lesquels la
« Dranse bondit avec fracas, brisant en flots d'écume ses eaux
« vertes, sont couvertes d'une luxuriante végétation. »

On rencontre sur la route la fabrique de gypse d'Armoy,
la **Grotte des Fées** célèbre par ses curieuses légendes, et
dont un sentier ouvert par les soins du Club Alpin (section du
Léman) vient de faciliter l'accès ; on traverse de nouveau la
Dranse près de la caverne de l'Eglise et, laissant à droite le
hameau de **Bioge,** on pénètre dans la gorge étroite et pittoresque de la Dranse d'Abondance (12 kilom.).

(20 kilom.). **Pont sur le torrent de Feu courbe,** où
vient aboutir la route de Thonon par Larringes et Chevenoz.
A Chevenoz se trouve la prise d'eau nécessaire à la force mo-
trice permettant l'éclairage électrique d'Evian et de Thonon.

(21 kilom.). La route passe en dessous de **Vacheresse**
(1046 habitants). De Vacheresse on peut gagner, en 3 h. 30,
le riant plateau d'Ubine (chalets et chapelle).

Vacheresse communique avec la vallée de la Dranse du
Biot par les cols de la **Forclaz,** de **Nicodex** et d'**Ouzon.**

(24 kilom.). **Pont sur la Dranse.** — On laisse à droite
une route qui monte au village de **Bonnevaux** (996 m.).
Une bonne route conduit au Biot en passant par le **col du
Corbier** (11 kilom.).

De là, le chemin se rapproche de la Dranse qui coule dans
une vallée de plus en plus resserrée. On traverse le pont dit des
Portes, d'où un sentier, passant par le **col de l'Ecuelle**
(1,664 m.), conduit en 4 heures à Saint-Jean d'Aulps.

Le touriste, charmé, pénètre dans un petit bois de sapins,
la vallée s'élargit ou, plus exactement, se dédouble, et il arrive
à Abondance, dont le nom est plein de promesses ; empres-
sons-nous de dire qu'il n'éprouvera aucune désillusion dans
la suite.

(30 kilom.). **Abondance :** 1,450 habitants. Chef-lieu de
canton, altitude 930 m. — *Postes et télégraphe (deux distribu-
tions et deux levées par jour) ; deux services journaliers de
voitures publiques sur Evian et sur Thonon dans chaque
sens. Voitures particulières des hôtels, à volonté (15 francs par
jour).*

*Hôtels : deux très confortables ; prix moyen 5 fr. par jour. ;
plusieurs auberges de 3-4 fr. par jour tout compris. Maisons*

GORGES DE LA DRANSE (LA GUILLOTINE)

*et appartements à louer. Chambres garnies. Guides-porteurs à
volonté 5-6 fr. par jour.*

*Climat excellent, sec, pas de brouillards, voisinage
des sapins. Station d'altitude de choix.*

*Cure de lait. Eau minérale alcaline et ferrugineuse
dans les environs.*

Abondance se trouve bâti dans un site charmant et
célèbre par son ancienne abbaye dont la fondation, qui remonte à l'an 595, est due à saint Colomban, moine irlandais.
La basilique, réduite à une croix latine, est considérée comme
le plus important édifice archéologique de la Savoie; aussi
a-t-elle été classée, en 1864, parmi les monuments historiques. Les cloîtres, du XIIIe siècle, possèdent des peintures et
sculptures des XVe et XVIe siècles (Porte remarquable du
XIIIe siècle, siège des abbés et trésor de la sacristie).

Centre d'un grand nombre d'excursions faciles et exemptes
de fatigue pour les personnes âgées, mouvementées et rudes
pour les alpinistes et les fervents du bâton ferré, d'ailleurs
charmantes et nullement périlleuses. Nous allons passer rapidement les principales en revue.

Abondance à Morgins (4 h. 1/2 de voiture, aller et
retour). — Cette promenade est des plus faciles, car l'on suit
continuellement la grande et belle route qui conduit jusqu'à
la frontière en traversant les deux dernières communes françaises **La Chapelle** et **Châtel**.

Rien n'est coquet comme cette vallée entourée de forêts
magnifiques et parsemée de chalets situés çà et là dans les
pâturages. Après une course de quelques instants, l'œil est
subitement frappé par l'apparition, dans le fond du paysage,
des Dents du Midi montrant leurs grands rochers à pic couronnés de neiges éternelles. On entre en Suisse par le **col de
Morgins** (1,440 m. d'altitude) et, après une courte descente,
on atteint la station valaisanne de **Morgins.**

Châtel. Altitude 1190 mètres. *Postes et télégraphe à Abondance* (9 kilom.) *et à Morgins* (6 kilom.).
Hôtel Naggy. Pensions bourgeoises. Prix modérés.

*Climat sain, très sec. Station climatérique recommandée pour cures d'air et de lait. Dans le voisinage,
source sulfureuse froide, source ferrugineuse et arsénicale.*

Abondance à l'Eau-Noire. — Cette excursion peut également se faire en voiture et demande un peu moins de temps que la précédente. On suit le même itinéraire jusqu'au village de Châtel; là on abandonne la route du col de Morgins pour descendre sur les bords de la Dranse et l'on s'engage avec elle dans la haute vallée de Châtel qui offre aux touristes toutes les beautés des paysages alpestres.

Abondance aux Cornettes de Bise (2,438 m. d'altitude). — L'ascension des Cornettes de Bise n'offre ni danger ni difficulté sérieuse, et elle ne demande à ceux qui l'entreprennent que la faculté de pouvoir fournir une longue course. Ils seront, du reste, récompensés au delà de leurs peines par la vue merveilleuse dont on jouit de ce sommet admirablement situé. Le regard s'étend sur la plus grande partie des Alpes et l'on contemple dans toute leur splendeur leurs plus hautes cimes et leurs innombrables glaciers. Le spectacle est également magnifique sur le lac Léman et sur le Jura. D'Abondance on suit la grande route jusqu'à La Chapelle, où l'on s'engage à gauche dans une vallée latérale qui conduit jusqu'au pied de la montagne. Arrivé là, on s'élève à travers des pâturages très en pente jusqu'au **chalet de la Callaz,** le plus élevé de la région (plus de 2,000 m. d'altitude). De ce chalet, où l'on peut se reposer et se chauffer lorsqu'on fait l'ascension de nuit pour assister au lever du soleil, on gagne assez vite le sommet, marqué d'un triangle de pierre situé au nord du chalet. Il faut environ cinq heures pour faire l'ascension et trois heures pour effectuer la descente.

Abondance au Mont de Grange (2,438 m. d'alt.). — Le mont de Grange et les Cornettes de Bise sont les deux plus hauts sommets de l'arrondissement de Thonon. L'un et l'autre prétendent au premier rang sans que la question soit encore nettement tranchée, aussi, pour n'éveiller la susceptibilité d'aucune de ces deux gigantesques personnes, nous leur attribuons la même altitude.

L'ascension du Mont de Grange est encore plus facile que la précédente, car elle s'effectue presque en entier dans les pâturages. On contourne la montagne en s'engageant dans la vallée de **Charmy** et l'on s'élève sur ses flancs dans la direction de l'Est; arrivé près de l'arête, on gagne le sommet sans quitter les pentes gazonnées. Le Panorama du côté des

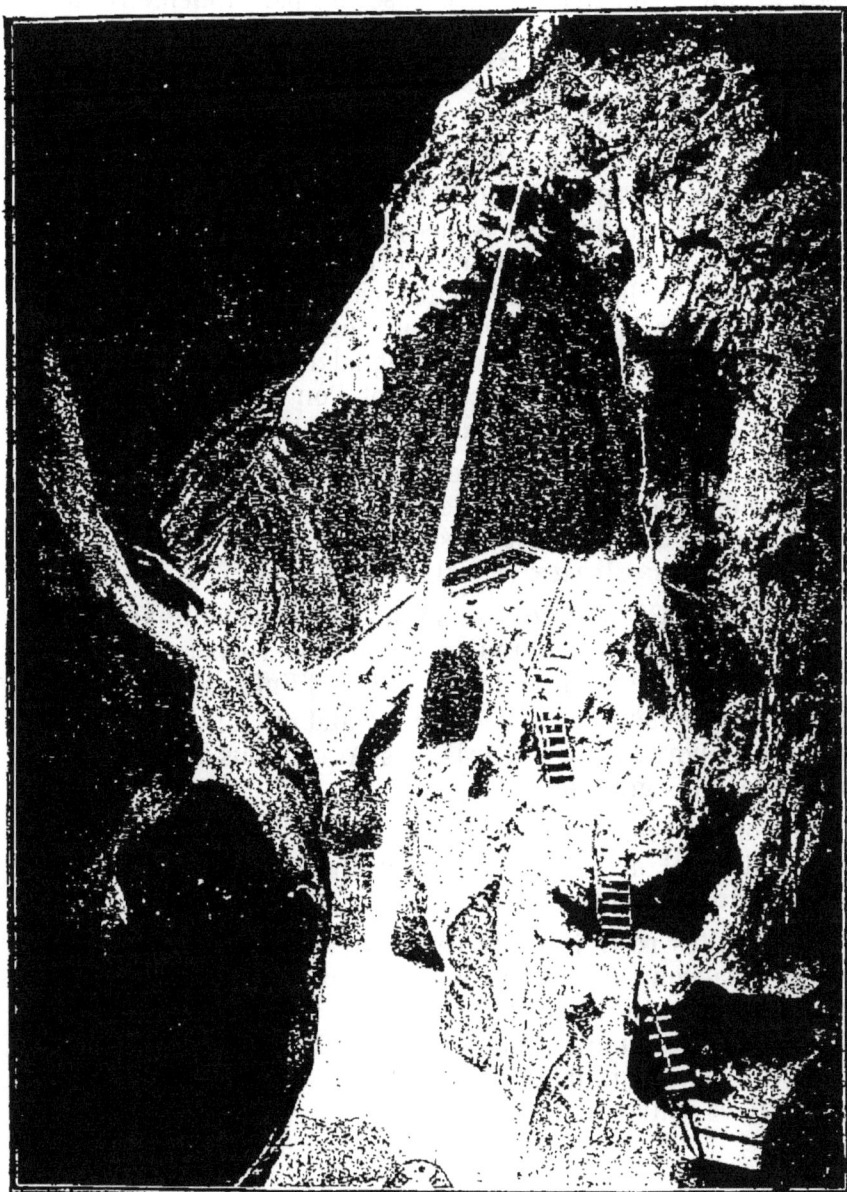

PONT DU DIABLE (LA CASCADE)

Alpes est aussi beau que celui dont on jouit du sommet des Cornettes mais la vue est beaucoup plus bornée du côté du lac Léman. L'ascension demande à peu près quatre heures et la descente deux heures. Celle-ci se fera par la même route.

Abondance aux Plagnes, Chalets de Lens et Col de Bassachaux.

Cette course, une des plus intéressantes de la région, demande à peu près 3 h. 1/2 pour la montée et 2 heures pour la descente. Lorsqu'on veut la faire sans fatigue, il convient d'emporter quelques provisions afin de pouvoir y consacrer toute une journée qui paraîtra courte, du reste, aux touristes émerveillés et charmés par toutes les beautés de la montagne.

On remonte la vallée de Charmy jusqu'aux Plagnes où le sentier escalade un rocher dans lequel le torrent forme, sur la gauche, une **jolie cascade**, et l'on gagne à travers les bois, le groupe des **chalets de Lens**.

En s'élevant toujours légèrement sur la droite, on traverse de grands champs de myrtilles et de rhododendrons semés de bouquets de vernes et de sapins, et l'on arrive enfin au **col de Bassachaux** (1,800 m. d'altitude).

A l'ouest et à vos pieds se déroule la charmante vallée de Montriond dont le lac reflète les grands rochers qui l'entourent. Dans le fond se dresse le Roc d'Enfer. A l'est vous apercevez le haut de la vallée de Châtel et, de quelque côté que vous portiez vos regards, les Alpes vous offrent leurs cimes les plus grandioses.

Si l'on ne veut pas arrêter là sa course, on peut, en franchissant le col, descendre aux chalets du **Lindaret** et gagner **Montriond** et **Morzine**.

Les limites restreintes de cet opuscule nous forcent à négliger beaucoup d'excursions qui ne méritent certainement pas d'être passées sous silence, comme une visite au **lac de Tavaneuse** ou une promenade aux **chalets d'Autigny** et tant d'autres qui laisseront, dans l'esprit des hôtes, d'impérissables souvenirs.

CYCLISME

Départ place des Arts et suivre la route nationale n° 202 jusqu'au Pont de Bioge.

Cette route est fatiguée, boueuse et poussiéreuse jusqu'aux Usines d'Armoy (5 kil.). Au-delà elle est bonne et pittoresque jusqu'à Bioge (11 kil.) et suit le cours de la Dranse. Un peu avant Bioge, on traverse un pont de fer, laissant à droite la route conduisant à Morzine et l'on pénètre dans l'étroite gorge de la Dranse d'Abondance.

Là, commence la montée du Feu Courbe (5 kil.) pénible et demandant beaucoup d'entrainement, exige pour la descente un bon frein ; se méfier des tournants brusques et rapides.

A partir du Feu Courbe (17 kil.) pente uniforme et très douce par Vacheresse (19 kil., alt. 838 m.), Abondance (27 kil., alt. 909 m.), La Chapelle (33 kil., alt. 1059 m.), Châtel (39 kil., alt. 1,138 m.).

De Châtel au col de Morgins (frontière suisse, 3 kil.), forte montée avant d'arriver au sommet du col (1,400 m.). A partir du village de Vonne descendre de machine. La descente sur Morgins et Monthey (station de chemin de fer) exige un bon frein et beaucoup de prudence.

Postes de secours et ateliers de réparations

La Chapelle.
Morgins.

MOYENS DE TRANSPORT

Quatre services de voitures publiques font chaque jour le service d'Abondance (Poste) par Evian (28 kil.) ou Thonon (30 kil.). Prix de la place 2 fr. 50.

Voiture publique d'Abondance à La Chapelle.

Thonon-Abondance, voitures particulières de 20 à 30 francs.

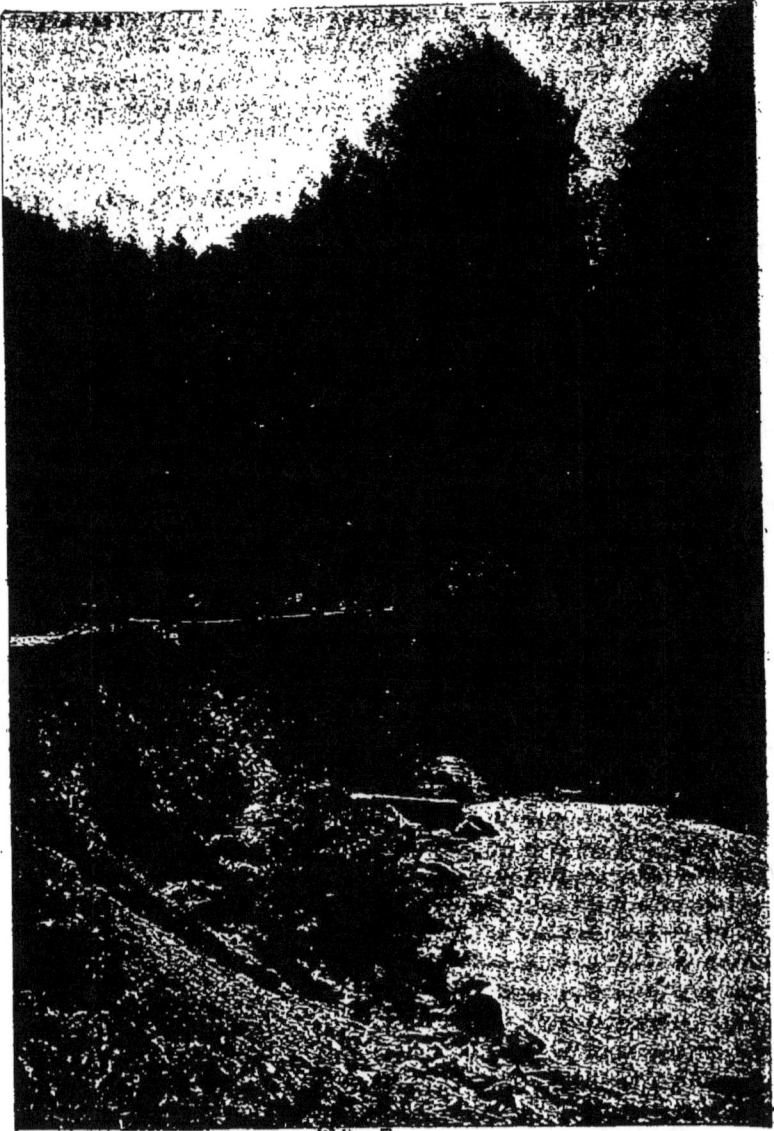

GORGES ET TUNNEL DES TINES

ROUTE N° 5

De Thonon à Morzine

— 33 kilom. —

(*Voitures publiques*)

————❧————

Jusqu'à Bioge, on suit la route déjà décrite pour aller à Abondance (R. N° 4).

Bioge (12 kilom. de Thonon. Auberges). — Au confluent des trois branches de la Dranse, la route de Morzine suit celle du milieu ; à côté de la route on voit les ruines de l'ancienne scierie des marbres du Chablais dont les carrières se trouvent non loin (**La Vernaz**). La vallée s'élargit et devient moins aride, mais la pente est forte sur 4 kilomètres environ. Des défilés alternent avec de petits bassins, les pentes sont couvertes de riantes prairies entrecoupées de vergers et de bois que dominent au Sud-Est les imposants rochers du Mont Ouzon. Des ravins latéraux laissent choir, par des cascades, de nombreux torrents.

Bientôt apparaît à gauche, dans un pli de terrain, le pittoresque village de **La Forclaz.**

(16 kilom.) **Le Jotty** (hameau de La Vernaz). Auberge du Mont Billiat.

Un chemin à gauche descend en cinq minutes au **Pont naturel du Diable,** dont les gorges viennent d'être rendues abordables par les courageux efforts de M. Bochaton.

Avec une énergie et une adresse dont on ne saurait trop le louer, ce courageux Savoyard a créé, en quelques mois, cette merveille à peu près inconnue jusqu'ici. On entre par une étroite anfractuosité adossée à un rocher qui semble une véritable porte des Enfers, sombre, lugubre, terrible ; tout à coup on se trouve sur une galerie suspendue au-dessus de l'abîme ; au fond, dans le demi-jour, mugit la Dranse, verte ; au-dessus, les rochers s'entassent énormes, pont géant bâti par les Titans.

On descend et bientôt, à une nouvelle plate-forme, l'aspect est plus grandiose encore ; on est comme perdu au fond d'une nef étroite aux arceaux gigantesques s'élevant à l'infini ; le jour transparaît par des soupiraux naturels au travers desquels on entrevoit le rideau mobile de la forêt. Il n'y a qu'un mot pour rendre l'impression produite : c'est sublime.

Près de là est un passage appelé la Garde, célèbre par la défaite des Bernois en 1536. Ils avaient remonté la vallée pour la saccager quand un moine de l'abbaye d'Aulps, le frère Jean, rassembla les habitants sous la bannière du couvent. Ceux-ci, entraînés par leur chef, tombèrent sur les Bernois en criant « Deo vero » et sauvèrent leur pays du pillage.

Ce passage était fermé par une porte sur laquelle ces mêmes mots étaient gravés. On appelle encore *Véros* les habitants du haut de la vallée.

C'est également du Jotty qu'on part pour faire en trois heures l'**ascension du mont Billiat** (1,901 m.), un des plus splendides belvédères de la région et d'où l'on peut redescendre dans la vallée de Bellevaux sur Vailly ou Lullin en deux heures environ.

A partir du Jotty la route est taillée en corniche dans le roc, elle traverse de nouveau la Dranse au **pont de Gy**, laissant à gauche le chemin qui conduit au Biot et à droite l'église de **La Baume**, pittoresquement plantée sur un rocher à pic.

On passe en dessous du **Biot** (chef-lieu de canton). Altitude 826 m. — La route, laissant à droite la vallée de **Seytroux** et le **col de la Balme**, traverse ensuite un tunnel à côté duquel sont les **gorges des Tines** et débouche dans la verdoyante vallée où s'élevait jadis l'antique et puissante abbaye d'Aulps.

Fondée en 1094, elle eut pour second abbé Saint Guérin ; tous les ans un grand pèlerinage a lieu en son honneur.

L'église de l'abbaye appartient au style appelé romano-byzantin-tertiaire ; il ne reste plus que le spectre de ce vaste édifice, le portail, un lambeau du chœur et quelques portions de la nef. Cette doyenne des basiliques de la Savoie, respectée par la Révolution, ne fut détruite qu'en 1825.

De l'abbaye part un sentier qui conduit à Abondance en quatre heures par le col de l'Ecuelle.

Poste et télégraphe. Deux hôtels, prix ne dépassant pas 6 fr. par jour.

Climat sain, assez chaud, pas de vents.

Du Biot on peut, par le passage du Corbier, se rendre dans la vallée d'Abondance en deux heures.

(25 kilom.). **Saint-Jean d'Aulps** (*prononcer St-Jean-d'Au*), 1,739 habitants). Situation pittoresque. Canton du Biot, altitude 811 m. — *Poste et télégraphe. Voitures publiques sur Thonon. Cinq hôtels* (5 fr. *par jour*). Hotel DE LA COURONNE, HOTEL DU LION D'OR. *Chalets et maisons meublées à louer.*

Climat de montagne sec, sain, frais. Cure de lait. Eau sulfureuse et alcaline.

De Saint-Jean d'Aulps le touriste peut faire de nombreuses ascensions pleines d'intérêt.

1° **La cime de Tavaneuse** (2,112 m.) et le **Pic de la Corne** (2,078 m.) font partie d'un massif facilement abordable mais où le roc nu et âpre présente à chaque pas de grandioses images.

2° **Le roc d'Enfer** (2,112 m.) présente des escarpements assez rébarbatifs et l'ascension offre, en effet, quelques difficultés ; elle se fait généralement en 4 h. 1/2 par les chalets et le **passage de Grédon.** Les touristes sujets au vertige devront s'arrêter là et rentrer à Saint-Jean d'Aulps en suivant l'arête d'où l'on jouit sans cesse d'une vue magnifique.

Grâce à une subvention allouée par la direction centrale du Club-Alpin français, des travaux destinés à faciliter l'ascension ont été exécutés l'an dernier.

Le passage de Grédon s'appelle aussi col du Grand Souvre ; il conduit à Vallon et Bellevaux.

3° **Le col des Follys,** au fond de la vallée de la Moussière, descend également sur Bellevaux et constitue un but agréable d'excursion alpestre.

4° **Pointe de Thex** (1,813 m.). De l'abbaye, 2 h. 15 suffisent pour gagner cette cime, d'où l'on découvre, au Nord, le lac Léman, et au Sud-Est les glaciers du Mont-Blanc et les Dents du Midi. On peut redescendre sur Abondance par le col de l'Ecuelle en 2 h. 30.

Au delà de Saint-Jean d'Aulps, la vallée se rétrécit et l'on traverse un bois avant de laisser à gauche Essert-la-Pierre et à droite Essert-Romand.

(30 kilom.) **Pont des Plagnettes.** Bonne auberge du Chalet (nombreuses chambres).

De ce point, deux routes carrossables conduisent au lac de Montriond, l'une par le chef-lieu (rive gauche), l'autre par le hameau de Dravachet (rive droite).

Lac de Montriond (1 heure). *Hôtel très confortable dans une situation exceptionnelle.*

Véritable station climatérique.

Le lac de Montriond (alt. 1,050 m.; surface 30 hectares) est une des plus délicieuses surprises de nos Alpes. Il est, en effet, difficile de trouver un coin de terre où la nature ait déployé plus de grâce et plus de fraîcheur.

Quel attachant spectacle que cette ravissante nappe d'eau, entourée de montagnes abruptes, étincelante comme un immense miroir où la teinte claire des hêtres se reflète harmonieusement mariée avec le vert foncé des sapins !

Cascade d'Ardent (1 heure de l'hôtel). — En suivant le fond de la vallée on arrive, après avoir traversé le village des Albertans à la Cascade d'Ardent, où la Dranse de Montriond se précipite d'une hauteur de 30 mètres. Une passerelle, construite par les soins du Club Alpin français (Section du Léman) et hardiment jetée au-dessus du gouffre, permet d'admirer la chûte dans toute sa beauté et d'atteindre la rive opposée où un sentier conduit à deux plates-formes munies de sièges. Le spectacle y est absolument merveilleux.

De la cascade d'Ardent, un chemin muletier mène, en une heure au hameau des *Lindarets* (altitude 1,500 m.), groupe de 70 chalets, l'un des plus importants villages alpestres. Vue magnifique sur le lac Montriond et le Roc d'Enfer.

Des Lindarets on peut se rendre, en 4 h. 30, à Abondance ou à Châtel par le **col de Bassachaux**, à Morgins et Champéry par le **col de Chésery**.

Une belle ascension à faire également, de Montriond ou de l'hôtel du Lac, est celle de la pointe de **Nautaux** (2,706 m.), d'où l'on jouit d'une vue très étendue (5 heures de marche aller et retour).

Les rochers d'**Entre-deux-Pertuis** et de la **Chavache**, qui séparent la vallée de Montriond de celle d'Abondance, méritent également de fixer l'attention ; on y trouve à chaque instant des sites d'une sauvage grandeur.

Du pont des Plagnettes la route s'élève sur le plateau de la Plagne qui fait déjà partie de la commune de Morzine.

RUINES DE L'ABBAYE D'AULPS

On peut également passer par le chef-lieu de **Montriond,** délicieusement situé à 972 m. d'altitude.

Postes et télégraphe. Services publics sur Thonon (3 francs par place). *Voitures particulières, 20-30 francs.*

Climat très sec; ni orages, ni brouillards; vents du du Nord faibles et de courte durée. Cure de lait et station d'altitude.

(33 kilom.). **Morzine,** commune de 1,560 habitants. Altitude 960 m.

Postes et télégraphe. Services réguliers pour Thonon et Taninges. Un hôtel assez important. Deux pensions. Trois auberges (5 fr. par jour en moyenne). Maisons meublées à louer.

Recommandé : HOTEL-PENSION BAUD, magnifique chalet neuf dominant le village vue splendide, voitures. — HOTEL DES ALPES, Veuve Muffat.

Excellent climat, sec et frais. Cure de lait. Eau ferrugineuse.

Par son agréable situation dans une jolie vallée, Morzine est un centre d'excursions très intéressantes. Nous citerons :

1º **Vallée des Ardoisières,** promenade de deux heures aller et retour.

Rien de pittoresque comme ces ouvertures de carrières pratiquées dans des rochers à pic qui semblent inaccessibles.

Vues depuis le fond du vallon, ces centaines d'habitations, creusées dans le flanc de la montagne, ne paraissent pas susceptibles de servir d'abri à des êtres humains, et cependant les carriers y passent des semaines entières comme de véritables troglodytes.

2º **Pointe de Resachaux** (2,100 m.). Cette cime, à la forme bizarre, fait partie du massif des Hauts-Forts; elle est facilement accessible à tous en 2 h. 1/2. Joli sentier dans le bois et sur le pâturage.

3º **Pointe de Nyon** (2,100 m.) et d'**Angolon** (2,097 m.) 3 heures et 4 heures. Ces deux sommets, dont on jouit d'une vue fort belle sur le Mont-Blanc et les Dents du Midi sont, comme Resachaux, très abordables.

4º **La Joux verte.** Magnifique plateau alpestre entre la

vallée de Montriond et celle des Ardoisières. On peut s'y promener une journée entière au milieu des rhododendrons et des prés-bois odorants.

5° La source de la Dranse, les cols de Coux et de la Golèze.

En prenant la vallée, on arrive en deux heures au grandiose escarpement des Terres Maudites au pied duquel sourd la Dranse.

Deux sentiers, l'un à droite, l'autre à gauche conduisent, le premier au col de la Golèze et à Samoëns (3 h.), le second au col de Coux et à Champéry (3 h.).

Ce dernier surtout est fort beau; il serpente assez longtemps au milieu d'épicéas et de sapins plusieurs fois centenaires, dont l'aspect est des plus imposants.

6° Le Fys et le col de Joux-Plaine. Excursion très recommandée (4-5 heures).

Monter le chemin de la Lanche jusqu'au hameau des Fys, gravir la pointe du même nom, suivre la Crête à gauche jusqu'au col de Joux-Plaine et redescendre le long du Nant de Nyon.

Durant cette promenade, presque en plaine sur les crêtes, on a sans cesse devant les yeux le Géant des Alpes et le coup d'œil est féérique.

CYCLISME

Départ : place des Arts. Route nationale n° 202 suivie dans l'itinéraire précédent (route n° 2) jusqu'au Pont de Bioge (11 kilom.).

A Bioge laisser la route de gauche qui traversant le pont de fer se dirige sur Abondance et suivre la route nationale de droite.

De Bioge au Jotty montée pénible de 5 kilom. régulière et facile en machine avec un peu d'entraînement, toujours cyclable, jamais de boue ni de poussière. Après le Jotty pente très douce jusqu'à St-Jean (24 kilom.).

LAC DE MONTRIOND

Avant le Pont des Plagnettes (30 kilom.), bifur-cation pour le lac de Montriond, deux routes assez mauvaises conduisent au lac ; suivre de préférence la rive droite.

Traversant le Pont, la route s'élève par un lacet et court en ligne droite sur un petit plateau pour des-cendre à Morzine, tandis qu'à droite une montée assez rapide et pénible conduit aux Gets (5 kil.), d'où l'on peut gagner Taninges et la vallée du Giffre par une forte descente (11 kilom.), avec un bon frein et de la prudence.

Poste de secours

Morzine : DUBIT.

———— ❧ ————

MOYENS DE TRANSPORT

Voitures publiques partant du boulevard des Vallées pour Morzine (0 fr. 10 par kilom.)

Départ de Thonon, 1 h. 1/2 du soir.
De Morzine, 5 h. du matin.
Thonon-Morzine : 3 francs (33 kilom.).

Service régulier de Morzine à Taninges

(Station de chemins de fer économiques Samoëns-Sixt), 18 k. Prix : 1 fr. 50

Voitures particulières

Thonon-Morzine, 25 à 30 francs.

ROUTE N° 6

Thonon à Mégevette

(Voitures publiques pour Bellevaux et Lullin)

La vallée de Bellevaux longe celle de Morzine ; elle est remarquable par ses beautés pittoresques, sa population vigoureuse et le costume coquet de ses habitants.

De Thonon, en partant du **boulevard des Vallées**, on s'élève sur la rive gauche de la Dranse par une belle route carrossable, bordée d'acacias, et offrant à chaque pas de magnifiques points de vue.

A 2 kilomètres de Thonon, **Crêt Sainte-Marie**, oratoire. Tout près de là se trouvent une pépinière appartenant à l'Etat et la forêt communale de Thonon, sillonnée de nombreux sentiers à pente douce, où le promeneur découvre à chaque instant de merveilleuses échappées sur le lac Léman.

Armoy, 6 kil. *(Armœ*, en gaël : victoire, souvenir des luttes soutenues contre la domination romaine). Altitude 650 mètres.

A 1,500 mètres d'Armoy, sur la droite, se trouve le village du **Lyaud**, d'où un bon sentier serpentant à travers une magnifique forêt de sapins permet de gagner en 2 heures le sommet de la montagne d'**Armone** (1,407 m.).

En suivant la crête vers le sud-ouest on arrive à la **chapelle de Notre-Dame-des-Grâces**, lieu de pèlerinage réputé, d'où la vue, bien dégagée, embrasse un vaste horizon. Retour à Thonon par Orcier et la Chavanne.

Après Armoy la route, transformée en corniche, borde un précipice de 300 à 400 mètres de profondeur au fond duquel la Dranse bondit entre des rochers à pic. On contourne ainsi la montagne d'Armone et, après avoir passé au pied du village de **Reyvroz** (12 kil.), on atteint **Vailly** (15 kil., altitude 800 mètres).

A Vailly on domine la jonction des vallées de la Follaz et du Brevon la vue est magnifique sur le **massif du Billiat,** si bizarrement échancré. Au nord-est apparaît la Dent d'Oche.

A 2 kilomètres de Vailly, sur la droite, se trouve **Lullin,** (18 kil. de Thonon), beau site de montagne dominant d'une vallée pittoresque, alt. 850 m.

LULLIN

Postes et télégraphe. Service public et journalier de Thonon-Lullin. Deux bons hôtels (Piccot et Degenève) pouvant fournir une vingtaine de chambres, 5 à 6 fr. par jour, tout compris.
En outre cafés et auberges, pas de maisons meublées.

Climat sec, un peu froid matin et soir. Pas de brouillard. Cure de lait et station d'altitude moyenne.

Dans les environs de Lullin s'élèvent les **ruines du château** des marquis de Lullin, bâti sur un petit mamelon dominant le bourg, et celles du **château du Mont Forchat** ou Fourchi, bâti comme un nid d'aigle à 1,545 m. d'altitude par les comtes du Faucigny. On y jouit d'une vue splendide et comparable à celle du sommet des Voirons.

De Lullin les courses recommandées sont :

1° **Le Mont Billiat,** par le Lavouet et les chalets de la Buchille (3 h. 30).

2° La **Chapelle d'Armone**, dont il vient d'être question (1 h. 30).

3° Le **Mont Forchat**, par le col du Feu (2 h. 30), vue très étendue.

4° La **Crête de la Turche** (1,300 m.), située entre le col de Terramont et le col des Arces, conduisant dans la vallée de Boëge. Promenade alpestre à une heure de Lullin, d'où l'on peut jouir sans fatigue d'un merveilleux panorama.

Après Vailly la route contourne les hauteurs qui séparent les vallées de la Follaz et du Brevon et remonte la rive gauche de ce dernier torrent en traversant un court défilé boisé.

Bellevaux (22 kil.), 1,550 hab., altitude 915 m.

Poste et télégraphe. Voitures publiques sur Thonon, deux par jour et dans chaque sens. Un hôtel et trois restaurants (5 fr. par jour en moyenne), pas de villas ni de maisons meublées.

Climat très tempéré, sec. Pas d'orages. Cure de lait et petit lait. Excellente station d'été.

Bellevaux se trouve dans une vallée très sauvage, uniquement peuplée jadis de bêtes fauves *(Belluarum vallis)* ; c'est là qu'ont été tués les derniers ours de la région.

En remontant vers la source du Brevon on trouve les vestiges de la Chartreuse de Vallon fondée en 1136.

Bellevaux communique avec la vallée de Morzine par les cols de la Buchille, de la Balme, de Grédon qui constituent autant de promenades ravissantes.

Au nord du col de la Balme se dresse la cime de **Nifflon** (1,900 m.), accessible par un sentier passant au hameau du Frêne.

On peut également faire, de Bellevaux, l'intéressante mais difficile ascension du Roc d'Enfer (2,240 m.), par les cols du grand et du petit Souvre, et celle de la pointe de Chalune (2,119 m.).

(25 kil.) **Col de Jambaz** (1,058 m.).

Un embranchement, qu'on laisse à droite, conduit dans la vallée de Boëge, tandis que la route principale descend à Mégevette avec une pente de 4 0/0.

Mégevette (30 kil. de Thonon, 1,080 hab.).

LULLIN

Grottes de Mégevette. — A 20 minutes du chef-lieu, près du hameau de la Culaz, se trouvent des grottes encore peu connues quoique fort intéressantes. D'un développement considérable et renfermant des parties inexplorées, elles offrent un vaste champ d'études aux amateurs d'alpinisme souterrain et aux paléologues. Les grottes de Mégevette rentrent en effet dans la catégorie des cavernes à ossements; on y a trouvé des restes bien conservés de rennes, d'ours et de *cervus megaceros*. Une jolie collection de ces ossements se trouve à l'auberge Decroux, à Mégevette.

La découverte de divers menus objets, et notamment d'une sonnette d'église, prouve que ces grottes ont servi de refuge pendant les périodes troublées de notre histoire.

Le parcours des grottes est relativement facile, mais il est prudent de ne pas s'y aventurer sans guide. On trouvera à l'auberge Decroux un guide et le matériel nécessaire à l'exploration.

Pour varier son itinéraire, le promeneur peut rentrer à Thonon par St-Jeoire (8 kil.), d'où un chemin de fer à voie étroite, conduira à la gare d'Annemasse (P.-L.-M.).

CYCLISME

Départ : place des Arts. Pendant un kilomètre suivre la route nationale 202, puis prendre à droite.

A partir de la bifurcation, montée assez pénible jusqu'à Armoy (6 kil.). Chaussée assez bonne, un peu boueuse en certains endroits. Traversée des forêts de sapins, route très pittoresque.

La traversée du village de Reyvroz est assez pénible au sortir du bourg de Vailly, embranchement sur Lullin (17 kil.). Route plate jusqu'au Lavouet, puis montée jusqu'au col de Jambaz par Bellevaux. Après le col, descente assez rapide par Mégevette et Onnion sur Saint-Jeoire, facile avec un peu de prudence et un bon frein.

Poste de secours

St-Jeoire. Chalet des Alpes, Chamot T.-C.-F et T.-C.-S).

ROUTE Nº 7

De Thonon à Boëge

(Par le col de Coux)

De la place de la Croix, après avoir croisé le chemin de fer et laissé à droite la route de Bonneville (R. 8), on pénètre dans une région boisée et accidentée. Au milieu de la montée des Flesseles se détache, à gauche, un petit sentier forestier conduisant au **belvédère de Crêt-Patulas**, construit par les soins du Club Alpin français (section du Léman) et d'où le panorama est merveilleux. La route passe près de *La Chavanne*, célèbre par ses châtaigniers séculaires, traverse le village de Noyer, puis, laissant à droite la route qui conduit au village d'Allinges, franchit le ruisseau de Pamphiat.

(5 kilom. 5). Hameau de **Mâcherons**; à droite, chemin conduisant aux ruines des Allinges.

(7 kilom. 5). Hameau de **Maugny**; à gauche, route conduisant à Orcier. Le Lyaud, Armoy.

A partir de Mangny la route, laissant à droite le chemin de Draillant s'élevant obliquement sur le flanc de la montagne, au milieu des forêts de châtaigniers et de sapins.

(15 kilom. 5). **Col de Coux,** dominé au nord et au sud par deux sommités demandant une ascension de courte durée. Devant les yeux se déroule alors un panorama très étendu sur le lac, le Jura, les montagnes du Valais, les Voirons et la vallée de Boëge tout entière.

Après un immense détour, comprenant tout le fond de la vallée, la route atteint, à 20 kilomètres, **Habère-Poche** (968 m.); à gauche part la route qui, par le **Col de Terramont,** conduit à Lullin (8 kilom.).

De là, on peut faire très facilement, en deux heures, l'ascension du **Mont Forchat** (1,545 m.) et de la montagne d'**Irminte** (1,606 m.).

Passant au travers de fertiles vergers, on atteint :

(22 kilom.). **Habère-Lullin** (947 m.), coquettement situé sur une petite éminence (Deux hôtels : 4 à 5 fr. par jour).

(24 kilom. 5). **Villard-sur-Boëge** (843 m.), d'où l'ascension de la **Pointe de Miribel** demande 1 h. 45 m. De Villard part une route qui, par Bogève, conduit à Viuz-en-Sallaz, dans la vallée du Foron.

(27 kilom.). **Boëge**, 1605 habitants. Chef-lieu de canton (760 m.).

Poste et télégraphe. Service de voitures publiques deux fois par jour entre Boëge et le pont de Fillinges. Station de tramway d'Annemasse à Samoëns.

Hôtels des Balances et des Allobroges (de 4 à 6 fr. par jour). Appartements meublés pour la saison d'été.

Climat très sain. Proximité des forêts de sapins. Orages rares. Peu de brouillards.

L'église de Boëge possède la statue de la Vierge Noire des Voirons qui attire chaque année un grand nombre de pèlerins.

De Boëge on peut faire l'ascension des Voirons (V. route n° 8).

Pour gagner Boëge le touriste a une autre route plus longue mais plus rapide. Prendre le P.-L.-M. jusqu'à Annemasse et de là le chemin de fer à voie étroite de Samoëns, jusqu'au Pont de Fillinges.

Il suivra aussi une partie de la magnifique Vallée du Giffre, que nous recommandons tout spécialement aux étrangers. Pour la visiter, demander, dans le tramway un billet pour Samoëns (44 kilom.) Se placer à droite pour la vue. Au Pont-de-Risse (22 kilom. d'Annemasse), commence la montée de la Serraz, forte rampe de 4 kilom. de longueur, vue grandiose. On entre alors dans la Vallée du Giffre, l'une des plus belles des Alpes. Au-delà de Mieussy, vue splendide sur le Mont-Blanc. A Samoëns, centre de nombreuses excursions, il existe, un service régulier de correspondances pour Sixt (prix : 1 fr. par personne) et le Fer-à-Cheval, cirque admirable formé de rochers à pic, desquels tombent de nombreuses cascades.

CYCLISME

*Bonne chaussée, mais difficilement cyclable. Route très accidentée. Pente assez forte depuis la sortie de Thonon jusqu'au **Col de Coux** (15 kilomètres, altitude 1220 m.). Course pénible demandant beaucoup d'entraînement. Un bon frein est nécessaire pour la descente.*

MOYENS DE TRANSPORT

Pas de services réguliers. Depuis Thonon, pour gagner Boëge, il faut passer par Annemasse, prendre le tramway de Samoëns jusqu'au Pont de Fillinges (10 kilom.), et là la correspondance régulière de Boëge (Poste). Départ de Thonon par le second train du matin, correspondance immédiate avec le chemin de fer à voie étroite de Samoëns à la gare d'Annemasse.

Annemasse au Pont de Fillinges :

Durée du trajet 50 minutes. . . Prix 0,50 cent.

Du Pont de Fillinges à Boëge :

Durée du trajet 45 minutes. . . Prix 0,75 cent.

ROUTE Nº 8

Thonon à Bons et aux Voirons

Pour se rendre à Bons, deux voies sont ouvertes au touriste :

1. Le chemin de fer (16 kilom.)
2. La grande route de Bonneville (15 kilom.)

Suivant la route indiquée ci-dessus pour aller aux *Ruines des Allinges*, et laissant à gauche le village de ce nom, l'on atteint bientôt **Perrignier** (9 kilom.) Puis apparaît une colline qui porte une ruine féodale du plus bel effet : ce sont les ruines majestueuses et sombres du **Château de la Rochette.** Dans la vaste enceinte, il existe quelques pignons fort anciens et trois tours inégalement tronçonnées, dont l'une est du XIIIᵉ siècle.

A l'intérieur on trouve des restes des diverses contructions élevées du XIIIᵉ au XVIᵉ siècle.

(12 kilom.) **Lully** et le château de Buffavent.

Cascade de Pissevache

(13 kil.). **Brenthonne,** près duquel on voit le vieux château d'**Avully** et la cascade de **Pissevache.**

(16 kilom.) **Bons** (1,268 habitants), joli bourg qui joua un rôle important dans l'histoire ecclésiastique du Chablais.

L'ancien clocher complètement isolé de l'église, donne l'idée d'un campanile italien.

De Bons part la route la plus suivie pour se rendre aux **Voirons.**

La **Montagne des Voirons** : (1,485 m. *Le Calvaire*
et 1,412 m. *Le Pralaire*), placée entre le Jura et les Alpes
constitue un véritable belvédère d'où l'œil embrasse à la fois
la chaîne du Mont-Blanc, Genève et tout le Lac Léman. La
crête est d'une beauté incomparable abondamment boisée et
sillonnée par des sentiers qui forment de ravissantes promenades mesurant quelques unes plusieurs kilomètres de longueur. La montagne est facilement accessible : la course peut
se faire en 2 heures à pied depuis Bons en suivant les tra-
verses ou en 3 heures en voiture. *(Service régulier de la gare
de Bons-St-Didier à l'Hôtel des Chalets).*

Au sommet des Voirons, près de la Chapelle du Calvaire
s'élèvent les ruines de l'ermitage, couvent fondé au XVIe siècle,
détruit par les Bernois en partie et finalement dévasté en
1770. Il renfermait la *Vierge Marie* que l'on trouve maintenant dans l'église de Boëge.

A voir en outre sur la montagne le *Saull de la Pucelle*, la
Promenade des Moines, la *Grotte des Fées*, le *Monument de la
Vierge* au Pralaire, etc. etc.

Depuis longtemps déjà les Voirons sont considérés comme
le rendez-vous des personnes délicates qui vont chercher la
santé dans les régions d'altitude moyenne.

*La pureté de l'air, le voisinage des forêts de sapins,
l'usage des eaux bicarbonatées sodiques et ferrugi-
neuses qu'on rencontre sur cette montagne, la dési-
gnent tout naturellement aux personnes atteintes
d'anémie, de chlorose, d'affections chroniques de pou-
mons et de bronches.*

*Deux hôtels (Hôtel de l'Ermitage et Hôtel des Chalets) fort
bien aménagés s'élèvent non loin du sommet et reçoivent chaque
année de nombreux visiteurs.*

L'**Hôtel des Chalets** *spécialement recommandé, contient
plus de 50 chambres et reçoit des étrangers aux prix de 6 à 10 fr.
par jour. Dans cet hôtel sont installées des salles de bains et de
douches permettant de réunir ainsi le traitement par l'hydrothérapie à la cure d'altitude (Maladies nerveuses). L'ascension se fait :*

A. *Par la route de voitures* (16 kilom. : 3 h. environ). On
prend, vers l'église, la route de Boëge qui, par de grands
lacets, contourne la montagne. (Sentiers abrégeants).

(30 min.) **Marcley** (moulin et scierie) ; à droite se voit,

admirablement campée, la *Tour de Langin*, dernier vestige de la puissance féodale. Quelques pas plus loin commence un sentier raccourcissant la montée.

(55 min). On laisse à droite un sentier conduisant au hameau de Clavel.

(1 h. 45. — 7 kil.) *Col de Saxel*, où, quittant la route de Boëge, on prend celle de droite pour atteindre le hameau de *Clavel*.

De là, par des circuits à travers les pâturages et les forêts, on atteint les hôtels et le sommet.

B. *Par les sentiers de piétons* (par Clavel, 2 h. 30 env.) On suit les sentiers qui abrègent, et que nous avons indiqués dans la route précédente, pour atteindre le hameau de Clavel. De là on emprunte pendant une demi-heure la route carrossable, puis, l'on prend un sentier qui mène directement à la Chapelle, où l'on trouve, à gauche, un chemin conduisant en 30 m. au point culminant.

CYCLISME

Départ : Place de la Croix.

Route bonne mais très accidentée, montées courtes mais assez pénibles.

Bifurcation à 800 mètres de Thonon, prendre à droite. On traverse Mésinge, Perrignier (9 kilom.) (Lully (12 kilom.) Brenthonne (13 kilom.) Bons (16 kilom.) Continuer sur Machilly, Bonne et Contamine, si on se dirige sur Bonneville.

A signaler la montée de Rebaty (3 kil. 500) assez pénible, et qu'il est dangereux de descendre à cause des tournants brusques et de la rapidité de la pente dans les deux tiers inférieurs. Impossible sans frein.

De Bons à Saxel, montée de 10 kilom., très pénible. Au col, laisser les machines et gagner les Voirons à pied. La descente est facile en machine, les tournants étant très éloignés.

MOYENS DE TRANSPORTS

Chemin de fer jusqu'à Bons. De Bons aux Voirons, service public régulier.

Voitures particulières de Bons aux Voirons.

Voiture à un cheval : 10 à 12 fr.
Voiture à deux chevaux : 20 à 25 fr.

EXCURSIONS RECOMMANDÉES

1º Pour une demi-journée

B (1). CHATEAU DES ALLINGES (7 kilom.). Voir page 12. Les Cyclistes laisseront les machines à Noyer.

B. PONT DU DIABLE (16 kilom.). Voitures particulières. Voir page 41.

CHATEAU DE LARRINGES (10 kilom.), par Féternes. Voitures particulières. Voir page 34.

B. ST-GINGOLPH, LE BOUVERET (20 kilom.). Chemin de fer. Bateaux. Voir page 23.

B. EVIAN (9 kil.). Voitures publiques. Bateaux. Chemin de fer. Voir page 25.

B. LE CHATEAU DE LA ROCHETTE (11 kilom.). Chemin de fer jusqu'à Perrignier.

B. ORCIER. Par Armoy, Le Lyaud et Noyer au retour.

B. CHATEAU DE COUDRÉE.

2º Pour une journée

B. LES VOIRONS (25 kilom.). Déjeûner au sommet (hôtels). Les cyclistes laisseront leurs machines à Bons ou Saxel.

B. LE LAC DE MONTRIOND (33 kil.). Voitures particulières, hôtel du Lac. Voir page 45.

LA CHAPELLE D'ARMONE. Déjeuner à Lullin, retour par Orsier et la Chavanne. Voir page 50.

LA DENT D'OCHE. Premier déjeuner à BERNEX, emporter des vivres pour manger au sommet. Voir page 33.

LE BILLIAT. Premier déjeuner au JOTTY, retour par VAILLY. Voir page 42.

(1) La lettre *B* indique les courses possibles en bicyclettes.

LE MONT FORCHAT. Par Perrignier, retour par Orcier; à emporter le déjeuner pour manger au sommet.

NOVEL. Déjeuner au village. Voir page 24.

LE BLANCHARD. Par Novel; déjeûner à Novel. Voir page 24.

MEMISE. Par Bernex. Voir page 33.

B. GENÈVE (32 kilom.). Chemin de fer. Bateaux.

B. ABONDANCE (30 kilom.). Retour par Evian.

B. LULLIN (17 kilom.).

B. HERMANCE-DOUVAINE (15 kilom.).

B. BONS (16 kilom.). BRENS. LOYSIN. DOUVAINE.

3° Pour une excursion de 2 jours

B. LE LAC DE MONTRIOND ET MORZINE.

Départ par Saint-Jean-d'Aulps, déjeuner au Lac, coucher à Morzine; le lendemain matin excursions autour de Morzine et retour à Thonon par Taninges. Voir page 44.

LE MONT FORCHAT, BOEGE ET LES VOIRONS.

Ascension du Forchat, coucher à Boëge; le lendemain ascension des Voirons et retour à Thonon par Bons. Voir page 55.

SAINT-JEAN-D'AULPS, LE ROC D'ENFER ET BELLEVAUX.

Départ de Saint-Jean-d'Aulps (voitures), ascension du Roc et coucher à Bellevaux. Voir pages 43.

B. BELLEVAUX ET LES GROTTES DE MÉGEVETTE.

Départ pour Bellevaux (coucher); le lendemain visite des grottes de Mégevette et retour par St-Jeoire. Voir page 51.

ABONDANCE ET LE MONT DE GRANGE.

Départ par le courrier du matin, ascension du Mont de Grange; coucher à Abondance, retour par Evian. Voir page 40.

B. NOVEL et MEMISE. Voir page 33.

B. TOUR DU LAC (170 kilom.). Bateaux.

B. ABONDANCE. MORGINS. MONTHEY. LE BOUVERET. EVIAN. Voir page 36.

B. BONNEVILLE. LA ROCHE.

B. SAMOENS. SIXT. LE FER A CHEVAL (coucher à l'abbaye).
Retour par Cluses et La Roche.

4° Pour une excursion de 3 ou 4 jours

I. 1er jour. Pont du Diable, lac de Montriond, coucher
                    à l'hôtel du Lac ou à Morzine.

     2e   »   Séjour à l'hôtel du Lac ou à Morzine. Ex-
                  cursions dans les environs.

     3e   »   Retour par le col de Coux et Champéry ou
                  par le col de Chésery et Morgins, ou par
                  le col de Joux-Plaine et Samoëns.

II. 1er jour. La Chapelle d'Armone et coucher à Lullin.

     2e   »   Mont Forchat et coucher à Boëge.

     3e   »   Les Voirons et retour.

III. 1er jour. Départ pour Abondance.

     2e   »   Séjour, ascension du Mont de Grange ou
                  excursion à Châtel.

     3e   »   Retour par Morgins et Monthey, ou par le
                  col de Bassachaux et Montriond, ou par
                  les Cornettes de Bise et Novel, ou par le
                  col de l'Ecuelle et St-Jean-d'Aulps.

B. 4e   »   Chamonix par Martigny et Tête-Noire. Re-
                  tour par St-Gervais, Cluses, La Roche,
                  Annemasse.

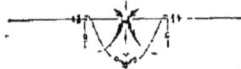

TABLE DES MATIÈRES

P.-L.-M.
Paris, Culoz, Bellegarde

		1.2 soir	1.2 soir	1.2.3 soir	1.2.3 soir	1re matin	1re matin	1.2.3. matin	1.2.3 matin
Paris	d.	7 15	9 30	4 15	10 40	8 10	9 25	1 » »	7 40
Culoz	a	3 53	7 29	9 09	12 45	5 13	8 17	8 17	9 30
	d	4 07	7 44	8 58	1 02	5 28	8 40	8 40	9 44
Bellegarde	a	4 47	8 30	10 47	1 59	6 09	9 33	9 33	10 25
		matin	matin	matin	soir	soir	soir	soir	soir

Lyon, Culoz, Bellegarde

		1.2.3 matin	1.2.3 matin	1.2.3 matin	1.2.3 soir	1.2 soir	1.2.3 soir	1.2.3 soir
Lyon	dép.	5 10	7 07	8 55	1 10	3 05	4 42	6 40
Culoz	arr.	9 09	9 32	12 45	4 46	5 13	8 17	9 30
	dép.	9 58	9 42	1 02	5 45	5 28	8 40	9 44
Bellegarde	arr.	10 47	10 24	1 59	6 41	6 09	9 33	10 25
		matin	matin	soir	soir	soir	soir	soir

Bellegarde, — Thonon-les-Bains, — Le Bouveret, — Saint-Maurice

		mat	mat	mat	A jour	soir	A soir	soir
Bellegarde	dép.	—	5 11	8 56	11 03	2 47	—	6 59
Valleiry		—	5 32	9 17	11 26	2 53	—	7 20
Viry		—	5 42	9 28	11 36	3 02	—	7 30
St-Julien-en-Genevois		—	5 52	9 44	11 46	3 11	—	7 40
Archamps		—	5 59	9 51	11 53	3 18	—	7 47
Bossey-Veyrier		—	6 09	10 01	12 04	3 28	—	8 01
Annemasse	arr.	—	6 23	10 15	12 18	3 42	—	8 15
	dép.	—	6 40	10 27	12 31	3 55	5 45	8 30
Saint-Cergues		—	6 51	10 38	12 45	4 05	5 56	8 41
Machilly		—	6 59	10 45	12 53	4 12	6 03	8 48
Bons-Saint-Didier		—	7 08	10 54	1 02	4 20	6 12	8 57
Perrignier		—	7 18	11 04	1 17	4 30	6 22	9 07
Allinges-Mesinges (halte)		—	7 25	11 11	1 24	4 37	6 29	9 14
THONON-LES-BAINS	a.	—	7 35	11 24	1 34	4 47	6 39	9 24
	d.	—	7 40	11 25	1 39	4 51	6 44	9 29
Amphion (halte)		—	7 51	11 36	1 50	5 02	6 55	9 40
Evian-les-Bains	arr.	—	7 56	11 41	1 55	5 06	7 » »	9 45
	dép.	5 40	8 12	1 » »	2 02	5 18	7 07	—
Bains d'Evian (halte)		5 45	8 17	1 07	2 06	5 23	7 11	—
Lugrin-Tourronde		5 56	8 26	1 19	—	5 32	—	—
Meillerie		6 06	8 35	1 38	—	5 41	—	—
Saint-Gingolph		6 18	8 45	2 01	—	5 53	—	—
Le Bouveret	arr.	6 27	8 53	2 10	—	6 01	—	—
Ligne Genl. Le Bouveret	d.	6 10	9 53	3 20	—	7 45	—	—
Monthey		6 47	10 22	3 49	—	7 45	—	—
St-Maurice	a.	7 » »	10 33	4 » »	—	7 55	—	—

A Les trains marqués de ce signe seront supprimés entre Bains d'Evian et Evian-les-Bains à dater du 1er octobre.

SAINT-MAURICE, LE BOUVERET, THONON-LES-BAINS, BELLEGARDE

Heure centrale							
St-Maurice a.	—	—	7 13	11 58	—	4 52	9 00
Monthey...	—	—	7 25	12 10	—	5 12	9 12
Le Bouveret a.	—	—	7 50	12 35	—	5 40	9 38

	A mat.	A mat.	matin	jour	A soir	soir	soir
Le Bouveret d.	—	—	7 07	11 46	—	4 59	8 52
St-Gingolph ..	—	—	7 25	11 55	—	5 18	9 01
Meillerie...	—	—	7 42	12 05	—	5 43	9 11
Lugrin-Tourronde...	—	—	7 53	12 14	—	5 52	9 20
Bains d'Evian (halte).	4 35	7 10	8 05	12 23	3 18	6 02	9 29
Evian-les-B. a.	4 39	7 14	8 09	12 27	3 22	6 06	9 33
Evian-les-B. d.	4 45	7 21	9 05	12 39	3 30	6 21	9 47
Amphion (halte)	4 50	7 28	9 11	12 44	3 36	6 26	9 52
THONON-LES-BAINS a.	5 »»	7 38	9 24	12 54	3 46	6 36	10 02
THONON-LES-BAINS d.	5 02	7 43	9 24	12 57	3 49	6 41	10 04
Allinges-Mesinges (halte).	5 14	7 55	9 35	1 08	4 —	6 52	10 15
Perrignier...	5 21	8 03	9 42	1 15	4 07	6 59	10 22
Bons-St-Didier.	5 31	8 14	9 53	1 25	4 22	7 09	10 32
Machilly...	5 59	8 23	10 02	1 34	4 31	7 17	10 40
Saint-Cergues.	5 46	8 31	10 09	1 41	4 38	7 24	10 47
Annemasse a.	5 55	8 44	10 19	1 50	4 48	7 33	10 56
Annemasse d.	6 37	9 09	10 31	2 —	5 04	7 44	—
Bossey-Veyrier.	6 52	9 24	10 46	2 15	5 19	7 59	—
Archamps...	7 02	9 34	10 56	2 25	5 29	8 09	—
St-Julien-en-G.	7 11	9 42	11 04	2 33	5 37	8 17	—
Viry...	7 21	9 51	11 13	2 42	5 46	8 26	—
Valleiry...	7 31	10 01	11 28	2 51	5 56	8 36	—
Bellegarde...	7 50	10 20	11 47	3 10	6 15	8 55	—

A. — Les trains marqués de ce signe seront supprimés entre Bains d'Evian et Evian-les-Bains à dater du 1er octobre.

Bellegarde — Culoz — Paris

	D 1.2.3. matin	1. 2. 3. matin	1. 2. 3. matin	1re soir	D 1.2.3. soir	1. 2. 3. soir	1. 2. soir
Bellegarde ..... dép.	7 15	7 15	8 13	12 04	3 35	3 35	9 15
Culoz .... arr.	7 49	7 49	8 58	13 38	4 25	4 25	9 49
Culoz .... dép.	8 03	8 03	9 18	12 52	5 45	4 45	9 54
Paris........ arr.	6 12	9 25	4 40	9 45	5 22	7 30	7 17
	matin	matin	matin	soir	matin	matin	matin

Bellegarde — Culoz — Lyon

	1.2.3. matin	1.2.3. matin	1. 2.	1.2.3. soir	1.2.3. soir	1.2.3. soir	
Bellegarde ..... dép.	7 15	8 13	Midi 04	3 35	7 05	8 09	—
Culoz .... arr.	7 49	8 58	12 38	4 25	7 54	8 43	—
Culoz .... dép.	8 03	9 18	12 52	4 45	8 10	8 53	—
Lyon........ arr.	10 27	10 53	3 18	8 25	11 05	11 05	—
	matin	soir	soir	soir	soir	soir	

THONON-LES-BAINS — GENÈVE (Eaux-Vives)

			mat.	mat.	mat.	matin	matin	matin	soir	soir	soir	soir	soir	soir
Heure de Paris	THONON-LES-BAINS.	*dép.*	—	5 02	7 43	9 24	—	—	12 57	—	3 49	—	6 44	—	10 04
	Annemasse	{*arr.*	—	5 55	8 41	10 19	—	—	1 50	—	4 48	—	7 38	—	10 56
		{*dép.*	5 15	6 01	8 50	10 35	11 10	12 20	2 03	4 05	4 57	7 06	7 46	10 05	11 01
	Chêne-Bourg.		5 33	6 10	8 59	10 44	11 28	12 29	2 12	4 23	5 06	7 24	7 55	10 14	11 10
	Genève (Eaux-Vives)	*arr.*	5 39	6 15	9 04	10 49	11 34	12 34	2 17	4 29	5 11	7 30	8 »»	10 19	11 15

GENÈVE (Eaux-Vives) — THONON-LES-BAINS

			mat.	mat.	mat.	matin	jour	A i.	soir	soir	soir	soir	soir	soir	
Heure de Paris	Genève (Eaux-Vives).	*dép.*	5 43	6 17	7 50	9 55	11 59	12 37	1 25	3 22	5 20	5 50	8 03	9 »»	A Supprim. le 1er octobre
	Chêne-Bourg.		5 50	6 24	8 03	10 02	12 06	12 44	1 40	3 29	5 27	5 57	8 10	9 15	
	Annemasse	{*arr.*	5 59	6 31	8 15	10 11	12 15	12 53	1 50	3 38	5 36	6 06	8 19	9 25	
		{*dép.*	—	6 40	—	10 27	12 34	—	—	3 55	5 45	—	8 30	—	
	THONON-LES-BAINS.	*arr.*	—	7 40	—	11 25	1 39	—	—	4 51	6 44	—	9 29	—	

THONON-LES-BAINS — CHAMONIX								CHAMONIX — THONON-LES-BAINS						
	matin	matin	matin	A soir	soir	soir	A Supprim. le 1er octobre			matin	matin	A mat	soir	soir	soir
THONON-LES-B. *dép.*	5 02	--	7 38	—	12 51	—		Chamonix . . *d.*	3 45	7 20	9 15	12 »»	2 50	5 30
Annemasse {*arr.*	5 55	—	8 41	—	1 50	—		(diligences) *a.*	5 15	8 50	10 45	1 30	4 20	7 05
{*dép.*	6 08	6 52	10 42	1 »»	3 52	6 15		St-Gervais P.L.M.	5 33	9 09	11 20	1 47	4 40	7 25
La Roche . . .	6 44	7 58	11 50	1 35	4 50	7 05		Bonneville . . .	7 05	10 49	12 40	3 19	6 14	8 55
Bonneville . . .	7 03	8 18	12 12	1 55	5 12	7 25		La Roche . . {*arr.*	7 25	11 10	1 »»	3 39	6 35	9 15
St-Gervais-Fayeta	8 16	9 43	1 42	3 09	6 40	8 53		{*dép.*	7 50	11 36	1 06	3 57	6 55	9 22
(diligences) *d.*	8 35	11 »»	2 »»	3 25	7 15	9 10		Annemasse {*arr.*	8 25	12 11	1 41	4 37	7 30	9 57
Chamonix . *ar.*	11 05	12 20	4 30	6 »»	9 45	11 45		{*dép.*	10 27	12 34	3 55	5 45	8 30	—
	—	—	—	—	—	—		**THONON-L-B.** *arr.*	11 21	1 31	4 47	6 39	9 24	—

A Supprim. le 1er octobre

Thonon-les-Bains — Annecy — Aix — Chambéry

		matin	matin	soir		
THONON-LES-BAINS. . .	*dép.*	5 02	9 24	12 57	—	—
Annemasse. . .	*arr.*	5 55	10 19	1 50	—	—
	dép.	6 08	10 42	3 52	—	—
La Roche. . . .	*arr.*	6 39	11 19	4 29	—	—
	dép.	7 44	11 30	4 37	—	—
Annecy	*arr.*	8 47	12 31	5 50	—	—
	dép.	9 08	12 49	6 00	—	—
Aix	*arr.*	10 20	1 55	7 09	—	—
	dép.	10 37	2 10	7 29	—	—
Chambéry. . . .	*arr.*	10 50	2 34	7 56	—	—

Chambéry — Aix — Annecy — Thonon-les-Bains

		matin	matin	soir	soir	
Chambéry. . . .	*dép.*	—	8 22	12 35	3 20	—
Aix	*arr.*	—	8 45	12 58	3 43	—
	dép.	5 05	8 58	1 10	4 08	—
Annecy. . . .	*arr.*	6 14	10 11	2 27	5 21	—
	dép.	6 24	10 19	2 40	5 40	—
La Roche. . . .	*arr.*	7 32	11 27	3 48	6 48	—
	dép.	7 50	11 36	3 57	6 55	—
Annemasse. . .	*arr.*	8 25	12 11	4 37	7 30	—
	dép.	10 27	12 34	5 45	8 30	—
THONON-LES-BAINS . . .	*arr.*	11 21	1 34	6 39	9 24	—

ANNEMASSE A SAMOENS-SIXT

		mat.	mat.	soir.	soir.			mat.	mat.	soir.	soir.
Annemasse (g⁰)	*d.*	6 40	10 30	2 00	5 55	Samoëns.	*d.*	4 50	10 25	2 00	5 50
Bonne		7 15	11 05	2 35	6 30	Verchaix-Morillon.		5 03	10 38	2 13	6 03
Pont de Fillinges		7 25	11 15	2 45	6 40	Taninges (gare)		5 30	11 05	2 35	6 30
Viux-en-Sallaz .		7 43	11 33	3 03	6 58	Mieussy (gare) .		5 50	11 25	2 55	6 50
St-Jeoire (gare)		8 10	12 00	3 30	7 25	Pont-du-Risse .		6 06	11 41	3 11	7 06
Pont du Risse .		8 19	12 09	3 39	7 34	St-Jeoire (gare)		6 25	12 00	3 30	7 25
Mieussy (gare) .		8 37	12 27	3 57	7 52	Viux-en-Sallaz .		6 42	12 17	3 47	7 42
Taninges (gare)		9 03	12 53	4 23	8 18	Pont-de-Fillinges		7 00	12 35	4 05	8 00
Verchaix-Morillon.		9 25	1 15	4 45	8 40	Bonne		7 15	12 55	4 20	8 15
Samoëns. .	*ar.*	9 40	1 30	5 00	8 55	Annemasse (g⁰)	*a.*	7 45	1 25	4 50	8 45

ANNEMASSE A BONNEVILLE

		mat.	matin	soir.	soir.			mat.	mat.	soir	soir.	soir.
Annemasse	*d.*	6 40	10 28	3 50	7 40	Bonneville	*d.*	6 20	8 20	12 05	—	5 35
Bonne		7 16	11 » »	4 25	8 15	Contamine ...		6 51	8 51	12 36	—	6 06
Findrol		7 26	11 10	4 35	8 25	Findrol		7 » »	9 » »	12 45	—	6 15
Contamine ..		7 35	11 19	4 44	8 34	Bonne		7 15	9 12	12 55	2 30	6 30
Bonneville	*a.*	8 06	11 50	5 15	9 05	Annemasse	*a.*	7 45	9 42	1 25	3 » »	7 » »

LAC LÉMAN (Côte de Savoie) - (Heure de l'Europe centrale). — L'heure de l'Europe centrale avance de 55 minutes sur celle de Paris
Genève, Thonon, Evian, Le Bouveret (avec corresp. à Evian pour (Ouchy-Lausanne)

	MATIN	MATIN	MATIN	MATIN	JOUR	JOUR	SOIR	SOIR	SOIR	SOIR	SOIR	SOIR	SOIR	SOIR	SOIR
Genève . . . . . . *dép.*		7 05	9 00	9 15	11 15	»	1 40	2 05	3 10	5 05	5 20	5 50	7 15	»
Cologny		7 15	9 15	»	11 30	»	»	2 15	3 25		5 30	»	7 25	»
La Belotte.	Touche Nernier à 6 h. 40	7 24	9 25	»	11 40	»	»	2 25	3 35	Par côté Suisse	5 39	»	7 34	»
Bellerive		7 32	9 33	»	11 48	»	»	2 35	3 43		5 47	»	7 42	»
Corsier		7 43	9 44	»	11 59	»	»	2 45	3 54		5 57	»	7 52	»
Anières		7 49	9 50	»	12 05	»	»	2 50	4 00		6 03	»	7 58	»
Hermance.		8 00	10 00	»	12 15	»	»	3 00	4 10		6 15	»	8 10	»
Tongues-Douvaine . .		8 10	10 10	»	12 25	»	»	3 10	»		6 25	»	»	»
Nyon	6 15	»	10 30	10 10	»	»	2 35	3 30	»	6 20	»	»	»	»
Nernier	—	8 31	»	»	»	»	»	3 50	»	6 40	6 45	»	»	»
Yvoire	6 40	8 38	10 55	»	»	»	»	3 57	»	6 50	6 55	7 00	»	»
Sciez	»	8 59	»	»	»	»	»	4 17	»	»	»	»	»
Anthy-Séchex	»	9 05	»	»	»	»	»	4 23	»	»	»	»	»
Thonon-les-Bains .	»	9 26		11 00	»	»	3 25	4 50	»	»		7 35	»	»
Amphion	»	9 52	»	»	»	»	»	5 17	»	»		»	»	»
Evian-les-Bains	»	10 05		11 35	»	»	3 55	5 30	»	»		8 10	»	»
Ouchy-Lausanne . . *ar.*	»	10 45		12 20	»	»	4 35	6 05	»	»		8 45	»	»
Evian-les-Bains, *d.*	»	10 45			2 50	Continue		6 35		»	»	»	»
Tourronde-Lugrin. . . .	»	11 04			3 07	sur le		7 10	»	»	»	»	»
Meillerie	»	11 16	soir		3 23	Haut-Lac	soir	7 24	»	»	»	»	»
Saint-Gingolph	»	11 37	4 00	3 47	5 30	7 47	»	»	»	»	»
Bouveret . . . . . . *ar.*	»	11 50	2 10	4 15	4 00	6 45	5 45	8 00	»	»	»	»	»

LAC LÉMAN (Côte de Savoie) - Heure de l'Europe centrale. — L'heure de l'Europe centrale avance de 55 minutes sur celle de Paris
Le Bouveret, Evian, Thonon, Genève (avec corresp. à Evian pour Ouchy-Lausanne)

	MATIN	MATIN	MATIN	MATIN	MATIN	JOUR	JOUR	MATIN	SOIR	SOIR	SOIR	SOIR	SOIR
Bouveret . . . . dép.	5 40	9 05			»	8 10		11 35		»	2 30	2 50	5 15
Saint-Gingolph	5 50	9 18			»			11 50		»	2 42		5 30
Meillerie	7 07	9 39			»			»		»	3 03		»
Tourronde-Lugrin . . .	7 20	9 54			»			»		»	3 18		»
Evian-les-Bains ar.	7 35	10 10			»			»			3 35		
Ouchy-Lausanne . . ar.					7 16	10 05		»		»	»	4 50	soir
Evian-les-Bains					7 51	10 40		»		»	3 35	5 25	
Amphion					8 02	»		»		»	3 48	»	
Thonon-les-Bains .					8 27	11 15		»		»	4 15	6 00	
Anthy-Séchex					8 51	»				»	4 42	»	
Sciez					8 56	»				»	4 48	»	
Yvoire		6 40	6 50		9 16	»	10 55			»	5 08	»	
Nernier		6 49	7 00		9 24	»	11 05			»	5 15	6 50	
Nyon		»	7 20		»	12 05		soir	3 20	»	5 35	»	
Tougues-Douvaine . . .	mat.	7 08			9 45	»	11 25	12 26	3 40	»	5 55	»	
Hermance	6 » »	7 20			9 57	»	11 35	12 36	3 52	4 10	6 05	»	7 15
Anières	6 10	7 34			10 07	»	11 47	12 47	4 02	»	6 15	»	7 25
Corsier	6 15	7 40			10 12	»	11 52	12 52	4 08	»	6 20	»	7 30
Bellerive	6 24	7 53			10 22	»	12 03	1 03	4 20	»	6 30	»	7 40
La Belotte	6 31	8 04			10 31	»	12 11	1 13	4 28	»	6 40	»	7 50
Cologny	6 40	8 15			10 40	»	12 20	1 23	4 38	»	6 50	»	
Genève . . . . ar.	6 55	8 30	8 45	10 55	1 00	12 35	1 38	5 00	4 55	7 00	7 50	8 15	

Notes (vertical text in columns):
- Un bateau part de Saint-Gingolph à 5 h. 50, touche Evian à 6 h. 10 et revient à Saint-Gingolph d'où il repart à 6 h. 45
- Vient de Nyon, départ 6 h. 45
- Les mardis et samedis, touche à Amphy à 6 h. 20 et Sciez à 6 h. 30
- Continue par rôle Suisse
- Par le Ht-Lac
- Vient de Nyon, départ 10 h. 30
- Vient de Genève par rôle Suisse
- Par le Ht-Lac
- Les jeudis et les dimanches seulement

LAC LÉMAN

GENÈVE - VILLENEUVE - LE BOUVERET, et vice versa (Par côte de Savoie et par côte Suisse) (Heure cent.)

		Matin	Matin	Matin	Matin	JOUR	JOUR	JOUR	SOIR	SOIR	SOIR	SOIR	SOIR
Genève	dép.	»	»	»	6 30	8 15	9 45	11 00	1 40	2 00	3 05	5 05	5 45
Nyon		»	»	»	7 40	9 10	10 10	12 40	2 35	3 20	4 20	6 20	6 10
Thonon-les-Bains.		»	»	6 20	7 35	»	»	11 00	3 25	»	»	»	»
Évian-les-Bains.		»	»	7 00	8 14	9 30	10 50	12 20	3 55	»	6 15	»	7 50
Ouchy-Lausanne.		»	6 15	8 00	9 05	10 30	11 35	1 05	4 35	»	7 13	»	8 35
Vevey-Marché		»	8 20	9 25	10 48	11 55	1 25	3 20	5 40	»	7 35	»	8 55
Clarens		»	8 25	9 30	10 53	12 00	1 30	3 25	5 47	»	7 42	»	9 00
Montreux-Vernex		»	8 32	9 35	11 00	12 06	1 36	3 32	5 57	»	7 50	»	9 05
Territet-Glion		»	8 40	9 45	11 10	12 15	1 45	3 45	6 07	»	8 00	»	9 15
Villeneuve		»	9 05	»	11 35	»	2 10	4 05	»	»	»	»	»
Bouveret		»	6 45	9 18	»	11 50	»	2 42	»	»	»	»	»
Saint-Gingolph . .	ar.												

		Matin	Matin	Matin	JOUR	JOUR	SOIR	SOIR	SOIR	SOIR	SOIR	SOIR
Saint-Gingolph . .	dép.	»	»	»	»	»	4 00	»	3 47	5 30	6 32
Bouveret		»	»	8 10	»	»	4 15	2 50	4 20	5 55	6 45
Villeneuve		5 40	6 53	8 30	10 10	12 50	1 35	3 10	4 43	6 15	»
Territet-Glion		5 48	7 02	8 40	10 49	12 58	1 44	3 20	4 53	6 25	7 30
Montreux-Vernex		5 55	7 09	8 47	10 25	1 05	1 50	3 28	5 00	6 32	7 27
Clarens		6 —	7 15	8 52	10 30	1 10	1 55	3 35	5 05	6 37	7 32
Vevey-Marché		6 20	7 35	9 10	10 50	1 30	2 15	3 55	5 25	7 00	7 55
Ouchy-Lausanne.		7 15	8 20	10 05	11 50	2 15	3 15	4 50	6 20	8 00	8 40
Évian-les-Bains.		»	»	10 40	»	»	»	»	»	8 35	»
Thonon-les-Bains.		»	»	11 15	»	»	»	6 00	»	»	»
Nyon		7 20	»	12 05	1 44	3 40	5 05	6 50	7 55	»	»
Genève	ar.	8 45	10 45	10 25	1 00	3 00	4 35	6 20	7 50	8 50	»

Évian, Ouchy-Lausanne

		Matin	Matin	Matin	Jour	Soir	Soir	Soir	Soir
ÉVIAN.	. . . .	6 20	7 85	10 10	11 35	1 10	3 55	6 21	8 10
OUCHY.	. . . .	6 54	8 10	10 45	12 15	1 45	4 30	6 05	8 45

Ouchy-Lausanne, Évian

		Matin	Matin	Soir	Soir	Soir	Soir	Soir
OUCHY	. . . .	7 16	10 05	12 22	2 16	4 50	6 21	8 —
ÉVIAN	. . . .	6 55	10 40	12 57	2 50	5 25	6 55	8 35	—

TRAMWAYS SUISSES

Départ du Molard. (heure Centrale) 6.06 6.42 7.20 7.54 8.28 8.58 9.20 9.53 10.25 10.48 11.13 11.39 12.06 12.39 12.58 1.20 1.44 .—08 2.46 3.21 3.50 4.15 4.41 5.03 5.24 5.48 6.14 6.45 7.14 7.40 8.12 9.00 11.00 ou service de théâtre.

Départ d'Annemasse (Heure de Paris). — 5.32 g. 6.04 g. 6.39 g. 7.26 p. 7.53 g. 8.31 g. 8.55 g. 9.35 p. 9.54 g. 10.27 g. 10.55 p. 11.34 p. 12.20 g. 1.00 g. 1.31 g. 1.57 g. 2.29 p. 2.51 p. 3.15 g. 3.38 p. 3.55 g. 4.24 p. 4.43 g. 4.59 g. 5.31 p. 5.48 g. 6.19 g. 6.53 p. 7.45 g. 7.39 g. 8.22 p. 8.57 g.

Chemin de Fer du Salève (Heure de Paris)

Départ d'Annemasse-Place vers Étrembières et Salève : 7.03 9.12 10.30 4.03 2.29 3.58 5.07 (6.28 7.55).

Arrivées à Annemasse-Place du Salève et d'Étrembières. —
7.25 9.35 10.55 4.24 2.51 4.24 5.31 6.53 8.22.

SERVICES DE VOITURES

Thonon, Évian

Bureaux : café Lombard, à Thonon ; à Évian, chez M. Valentin Pellissier

	m.	s.			m.	j.	s.
Thonon.	10	2 — 7 —		Évian,	7 —	12 —	5 —
Évian.	11	3 — 8 —		Thonon.	8 —	1 —	6 —

Thonon, Saint-Jean d'Aulph

Bureau : à l'hôtel des Vallées, à Thonon

	s.			m.
Thonon-les-Bains.	4 —		St-Jean d'Aulph .	5 —
St-Jean d'Aulph .	8 —		Thonon-les-Bains.	7 30

Thonon, Le Biot, Morzine *(service postal)*

Bureau : hôtel des Vallées, Thonon

	s.			m.
Thonon-les-Bains.	1 50		Morzine.	4 —
Morzine.	7 15		Thonon-les-Bains.	8 —

Le Biot est desservi par une voiture de correspondance allant du Jotty à Saint-Jean

Thonon, Morzine

Bureau : hôtel des Vallées, Thonon

	m.	s.			m.	s.
Thonon-l-Bains.	—	2 —		Morzine	5 —	—
Morzine	—	6 30		Thonon-l-Bains.	8 30	—

Morzine, Taninges

Entreprise Baud, à Morzine

	m.			s.
Morzine.	6 —		Taninges .	3 —
Taninges .	8 30		Morzine.	7 —

Thonon, Lullin

Bureau : au café Badin, à Thonon

	m.			s.
Thonon-les-Bains.	3 00		Lullin	5 30
Lullin	6 30		Thonon-les-Bains.	7 30

Thonon, Bellevaux *(Service postal)*

Bureau : au café Philibert Dubouloz, à Thonon

	s.			m.
Thonon-les-Bains.	1 50		Bellevaux	5 —
Bellevaux	5 50		Thonon-les-Bains.	8 30

www.ingramcontent.com/pod-product-compliance
Lightning Source LLC
Chambersburg PA
CBHW052138090426
42741CB00009B/2139